아, 야, 어, 여...에서 받아쓰기까지

똑똑한 한글 공부

6 맞춤법의 기초와 겹받침

한글공부연구회 지음 | 백현희 감수 | 최도은 그림

새희망

부모님께

지금까지 자녀들과 함께 '똑똑 한글 공부 1~4'를 통하여 자음과 모음, 받침, 쌍자음, 복잡한 모음을 배웠습니다. 그리고 '똑똑 한글 공부 5'에서 소리와 쓰기가 다른 받침을 배웠습니다. 그런데 배워야 할 받침이 아직 남아 있습니다. 겹받침 'ㄳ ㄵ ㄶ ㄺ ㄽ ㄾ ㅀ ㄹ ㄻ ㄼ ㅄ'입니다. 겹받침은 서로 다른 자음자 중에 하나로만 소리 나기 때문에 소리와 쓰기가 다른 받침 중에 하나입니다. 소리와 쓰기가 다르기에 어떻게 소리가 나는지, 어떻게 쓰는지를 눈여겨보지 않으면 실수하게 됩니다.

또 지금까지는 어린아이가 직관적으로 이해할 수 있는 명사 위주의 단어를 통해 한글을 배웠습니다. 그러나 점차 문장 전체를 다루며 배워야 합니다. 문장을 통해 한글을 배우면 필연적으로 서술어의 기능을 하는 동사, 형용사를 자주 접하게 됩니다. 그런데 동사, 형용사는 '먹다-먹어요' '작다-작아요'처럼 변합니다. 이렇게 변할 때 소리와 쓰기가 달라지는 경우가 많아 이 또한 주의하지 않으면 실수하게 됩니다. 동화책을 술술 읽는 아이를 보며 '우리 아이는 한글을 다 뗐다.'라고 생각했는데 받아쓰기를 자꾸 틀리는 이유가 여기에 있습니다.

소리와 쓰기가 다른 한글을 올바로 사용하기 위해서는 올바른 소리에 관한 '표준발음법'과 올바른 쓰기에 관한 '맞춤법'을 이해해야 합니다. 그러나 이를 완전히 아는 것은 어른들에게도 상당히 어렵고 어린아이들에게는 더욱 어렵습니다. 소리와 쓰기가 다른 겹받침을 처음 접하는 어린아이는 '겹받침의 소리와 쓰기'와 '뒤로 넘어가서 소리 나는 겹받침'을 먼저 집중적으로 익힙니다. 다른 맞춤법은 이를 충분히 익힌 뒤로 미루어 놓습니다. 어려운 것을 모두 한꺼번에 알려고 하면 배움에 대한 흥미마저 잃을 위험이 있기 때문입니다.

'똑똑 한글 공부 6'은 겹받침을 배웁니다. 겹받침을 하나씩 배울 때마다 '겹받침이 뒤로 넘어가서 나는 소리'도 이어서 배웁니다.

'똑똑 한글 공부 6'은 겹받침을 배우면서 등장하는 여러 다른 규칙들을 부모님께 드리는 글에서 설명하였습니다. 어린아이가 너무 많은 정보로 인하여 흥미를 잃게 되는 것을 피하기 위해서입니다.

'똑똑 한글 공부 6'는 다양한 예를 통하여 익히면서 어린아이에게 어려운 개념과 원리를 이해할 수 있게 하였습니다.

'똑똑 한글 공부'를 통하여 맞춤법의 기초를 탄탄히 익힐 수 있습니다. 기초를 탄탄히 익히고 나른 맞춤법은 아이의 성장에 맞게 하나씩 배우면 어렵지 않게 익힐 수 있습니다. '똑똑 한글 공부'를 통하여 소리와 쓰기가 다른 한글을 배우는 자녀와 이를 함께하는 부모님께 아무쪼록 많은 도움이 되기를 바랍니다.

감수 백현희
-청주교육대학교 졸업
-세명대 교육행정학 석사
-두 아이의 엄마이자 현재 충북 단양군 가평 초등학교 교사

표준어와 맞춤법

한글에는 소리와 쓰기가 다른 한글이 있습니다. 소리와 쓰기가 다른 한글이 존재하는 이유는 상황에 따라 다르게 발음되는 말이 있기 때문입니다. '꽃과[꼳꽈] 나비' '예쁜 꽃이[꼬치] 피었습니다.' '꽃[꼰]만 봐도 좋다'처럼 상황에 따라 '꼳' '꼬ㅊ' '꼰'으로 다르게 발음됩니다. 이를 소리 나는 대로 표기하면 하나의 의미를 상황에 따라 다르게 쓰게 돼서 본래의 의미를 혼동하게 하는 문제가 발생합니다.

그래서 한글 맞춤법은 '표준어를 소리 나는 대로 적되, 어법에 맞도록 함을 원칙으로 한다.'라고 규정하고 있습니다. '예쁜 아이[아이]' '아이[아이]가 예뻐요' '아이[아이]만 예뻐하다'처럼 표준어를 소리 나는 대로 '아이'라고 적지만 '[꼳]과 나비' '예쁜 [꼬치] 피었습니다.''[꼰]만 봐도 좋다'처럼 상황에 따라 각기 다르게 소리 나는 말은 말의 의미에 따라 '꽃'으로 본 모양을 밝히고 각각 '꽃과' '꽃이' '꽃만'으로 씁니다.

표준어의 소리와 어법에 맞는 쓰기

따라서 한글을 올바로 읽고 쓰기 위해서는 표준어가 어떤 상황에서 어떻게 소리 나는지를 아는 '표준발음법'과 동시에 본래의 의미를 밝혀 어떻게 쓰는지를 아는 '맞춤법'을 익혀야 합니다.

모르면 배우면 되지만 한 번 잃은 흥미는 다시 찾기 힘들다

'표준발음법'과 '맞춤법'에는 수많은 원칙과 예외가 존재합니다. 이를 한 번에 모두 아는 것은 어른에게도 매우 어려울뿐더러 어린아이에게는 불가능에 가깝습니다. 자주 사용해서 익숙한 말들 속에도 수많은 '표준발음법'과 '맞춤법'이 섞여 있는 경우가 많습니다. '[꼳꽈] 나비'에는 음절 끝소리 규칙과 된소리되기가, '예쁜 [꼬치]'에는 연음법칙이, '[꼰]만에는 음의 동화가 있습니다. 이를 모두 동시에 배우는 것은 어린아이에게는 엄청난 부담으로 피해야 합니다. 모르는 것은 나중에 배우면 되지만 한 번 잃은 흥미를 다시 찾는 것은 너무 힘들다는 사실을 잊지 말아야 합니다.

소리와 쓰기가 다른 한글이 있다는 사실을 이해해야 합니다.

그렇다면 소리와 쓰기가 다른 한글을 어떻게 배워야 할까요? 먼저 소리와 쓰기가 다른 한글이 있다는 점을 이해해야 합니다. '그냥 소리 나는 대로 쓰면 안 돼?'라는 질문에 '같은 뜻이 이럴 때는 이렇게 저럴 때는 저렇게 쓰면 혼란스럽지 않을까?'라고 진지하게 설명합니다.

가장 자주 일어나는 것부터 먼저 익힙니다.

    그다음 소리와 쓰기가 다른 한글에서 가장 자주 일어나는 것부터 익혀야 합니다. 그 외의 것은 하나씩 차근차근 나중에 배웁니다. 개념부터 이해하기보다는 다양한 예를 통하여 반복하여 익힙니다. 반복하고 익혀서 개념을 이해할 수 있습니다. 또 나중에 다른 것을 배울 때도 비교기준이 되어 편하게 이해할 수 있습니다.

'똑똑 한글 공부 6'은 겹받침을 익히기 위해 다음과 같은 내용을 담았습니다.

    첫째, 겹받침은 서로 다른 자음자 중에 하나로만 소리 나기 때문에 소리와 쓰기가 다른 받침입니다. 겹받침의 소리와 쓰기를 충분히 익힐 수 있도록 겹받침 ㄺ ㄻ ㄿ/ 받침 ㅎ이 있는 겹받침 ㄶ과 ㅀ/ 겹받침 ㄼ ㄾ ㄵ ㅄ ㄳ ㄽ으로 크게 구성하였습니다. 또한 겹받침을 하나씩 배울 때마다 '겹받침이 뒤로 넘어가서 나는 소리'도 이어서 배웁니다. 그 외의 다른 맞춤법적인 요소들은 부모님께 드리는 글로 대체하였습니다.

    둘째, 겹받침 ㄶ과 ㅀ을 익히기에 앞서 받침 ㅎ을 익힙니다. 받침 ㅎ은 뒤에 자음과 모음이 오면 소리가 달라지며 겹받침 ㄶ과 ㅀ도 뒤에 자음과 모음이 오면 받침 ㅎ처럼 소리가 달라지기 때문입니다.

    셋째, 소리와 쓰기가 다른 한글을 다루면서 등장하는 된소리되기 등 다른 맞춤법은 부모님께 드리는 글에서 다루어 상황에 따라 필요한 설명을 부모님들이 할 수 있도록 하였습니다.

    넷째, 가급적 많은 예시를 본문과 연습문제에서 다루어 익숙해질 수 있게 하였습니다.

이렇게 공부해요

1. 겹받침을 배워요.
겹받침

색이 있는 글자의 받침 소리를 비교하며 겹받침을 배웁니다.

뒤로 넘어가서 소리 나는 겹받침

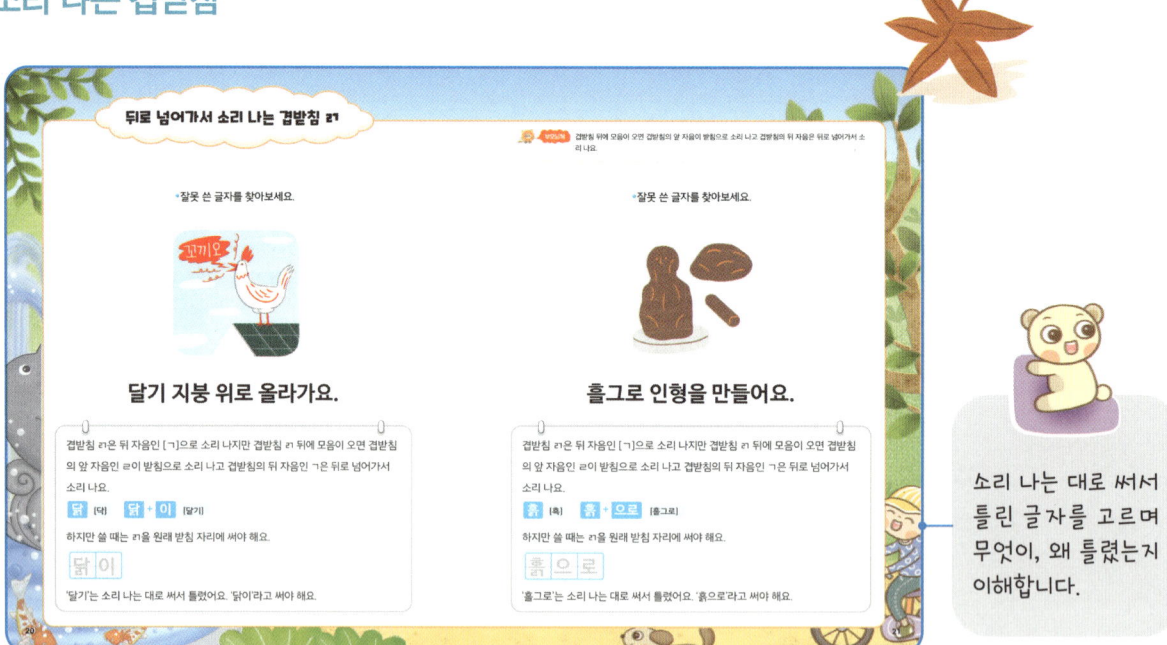

소리 나는 대로 써서 틀린 글자를 고르며 무엇이, 왜 틀렸는지 이해합니다.

2. 겹받침을 바르게 읽고 바르게 써요.

겹받침이 있는 단어를 바르게 읽고 바르게 써요.

겹받침이 있는 단어를 배웁니다. 그림을 보며 어떻게 읽고 어떻게 쓰는지 익힙니다.

겹받침이 뒤로 넘어가서 나는 소리를 바르게 읽고 바르게 써요.

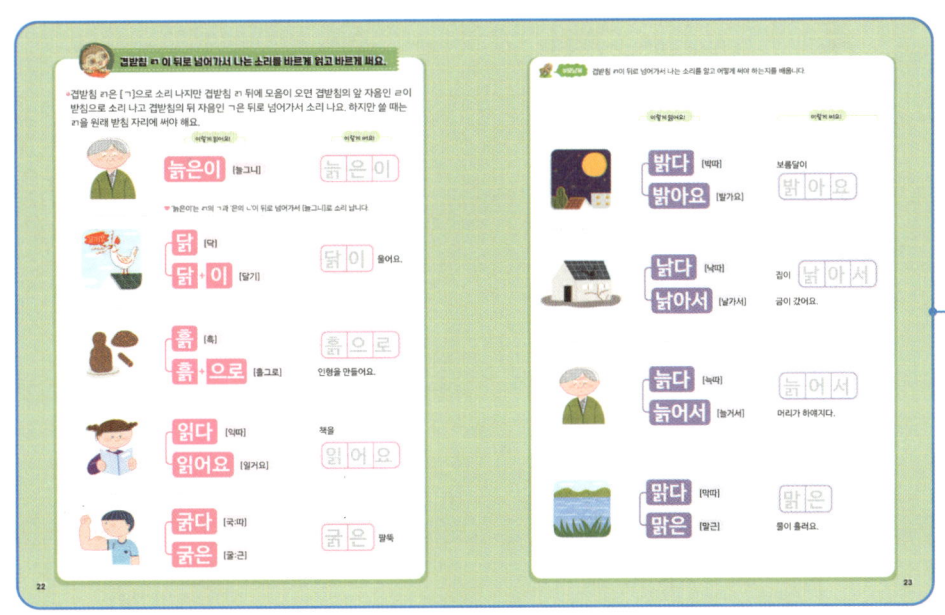

겹받침이 뒤로 넘어가서 나는 소리를 알고 어떻게 써야 하는지를 배웁니다.

3. 연습

'선 잇기'와 '○표 하기' '따라 쓰기'를 통하여 겹받침을 배웁니다.

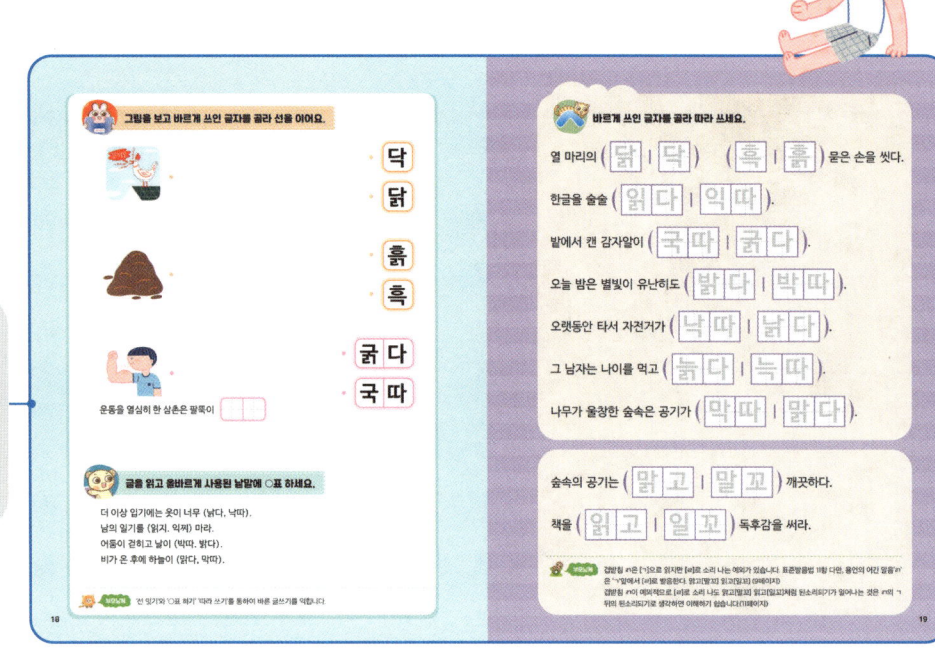

4. 부록 Ⅰ

소리는 같거나 비슷하지만 뜻이 다르기 때문에 반드시 구별해서 사용해야 하는 단어를 배웁니다.

5. 부록 Ⅱ

혼동하기 쉽지만 뜻을 정확히 구별해서 사용해야 하는 단어를 배웁니다.

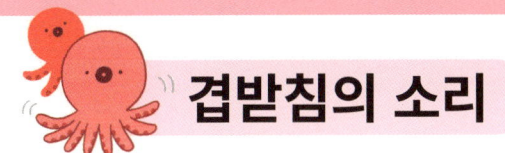

겹받침의 소리

겹받침 'ㄳ ㄵ ㄶ ㄼ ㄺ ㄾ ㅀ ㄻ ㅄ ㄿ ㅄ'은 서로 다른 자음 중에 하나로만 소리 납니다.

*겹받침은 성인들도 표준발음법과 틀리게 발음하는 경우가 많을 정도로 쉽지 않습니다. 겹받침을 처음 배우는 아이에게 부모님은 조급하지 않게 천천히 가르치며 아이가 흥미를 잃지 않도록 주의해야 합니다.

뒤의 자음으로 소리 나는 겹받침

ㄺ-읽다[익따]/ ㄻ-닮다[담:따]/ ㄿ-읊다[읍따]

<단, 용언의 어간 말음 'ㄺ'은 'ㄱ' 앞에서 [ㄹ]로 발음합니다. 묽고[물꼬] 읽고[일꼬] 그러나 체언의 받침으로 사용된 경우(닭과[닥꽈])에는 이에 해당되지 않습니다. >

앞의 자음으로 소리 나는 겹받침

뒤의 자음으로 소리 나는 겹받침 ㄺ, ㄻ, ㄿ을 제외하고 나머지는 모두 앞의 자음으로 소리 나는 겹받침입니다.

ㄼ-넓다 [널따]/ ㄾ-핥다 [할따]/ ㄵ-앉다 [안따]

ㅄ-없다 [업:따]/ ㄳ-몫 [목]/ ㄽ-외곬 [외골]

ㄶ-많다[만:타]/ ㅀ-끓다[끌타]

<단, ㄼ은 예외가 있습니다.
'밟-'은 자음 앞에서 [밥]으로 발음합니다.
밟다[밥:따] 밟고[밥:꼬]
'넓-'은 다음과 같은 경우에 [넙]으로 발음합니다.
넓죽하다 [넙쭈카다] 넓둥글다 [넙뚱글다] >

*받침 ㅎ이 있는 겹받침 ㄶ, ㅀ

받침 ㅎ은 뒤에 오는 자음과 모음에 따라 소리가 변하거나 사라집니다. 받침 ㅎ처럼 겹받침 ㄶ과 ㅀ의 ㅎ도 뒤에 오는 자음과 모음에 따라 소리가 변하거나 사라지고 앞 자음 ㄴ, ㄹ이 받침으로 소리납니다. 받침 ㅎ과 겹받침 ㄶ, ㅀ에 대해 아래에서 살펴봅니다.

받침 ㅎ과 받침 ㅎ이 있는 겹받침 ㄶ ㅀ

받침 ㅎ

받침 ㅎ은 '히읗[히읃]'처럼 [ㄷ]으로 소리 납니다. 그러나 받침 ㅎ이 사용된 단어 중에 [ㄷ]으로 소리 나는 경우보다 뒤에 오는 자음과 모음에 따라 소리가 변하거나 사라지는 경우가 더 많습니다.

받침 ㅎ 뒤에 ㄱ, ㄷ, ㅈ이 오면 ㅎ과 합쳐져서 [ㅋ] [ㅌ] [ㅊ]으로 소리 납니다.
파랗고 [파:라코] 하얗다 [하:야타]

받침 ㅎ 뒤에 ㄴ이 결합하면 ㅎ이 [ㄴ]으로 소리 납니다. 쌓는 [싼는]

받침 ㅎ 뒤에 ㅅ이 결합하면 ㅅ이 [ㅆ]으로 소리 납니다. 닿소 [다:쏘]

받침 ㅎ 뒤에 모음이 오면 ㅎ은 뒤로 넘어가지 않고 사라집니다. 좋아요 [조:아요]

받침 ㅎ이 있는 겹받침 ㄶ ㅀ

받침 ㅎ이 있는 겹받침 ㄶ ㅀ도 받침 ㅎ처럼 뒤에 오는 자음과 모음에 따라 소리가 변하는 경우가 많습니다.

겹받침 ㄶ ㅀ 뒤에 ㄱ, ㄷ, ㅈ이 오면 받침 ㅎ처럼 ㅎ과 합쳐져서 [ㅋ] [ㅌ] [ㅊ]으로 소리 나고 앞 자음인 ㄴ, ㄹ이 받침으로 소리 납니다.
많고[만:코] 닳지[달치]

겹받침 ㄶ ㅀ 뒤에 ㄴ이 결합하면 'ㅎ'을 발음하지 않습니다.
않는[안는] 뚫는[뚤는→뚤른]
*표준발음법20항 'ㄴ'은 'ㄹ'의 앞이나 뒤에서 [ㄹ]로 발음한다.

겹받침 ㄶ ㅀ 뒤에 ㅅ이 결합하면 ㅅ이 [ㅆ]으로 소리 납니다.
많소[만:쏘] 싫소[실쏘]

겹받침 ㄶ ㅀ 뒤에 모음이 오면 받침 ㅎ처럼 ㅎ은 뒤로 넘어가지 않고 사라지고 대신에 앞 자음 ㄴ, ㄹ이 뒤로 넘어가서 소리 납니다.
많아[마:나] 않은[아는] 닳아[다라] 싫어[시러]

'똑똑 한글 공부 6'에서는 가장 많이 접하게 되는 '뒤에 ㄱ, ㄷ, ㅈ이 오는 경우'와 '뒤에 모음이 오는 경우'만을 다루고 나머지는 연습문제에서 살짝 소개합니다.

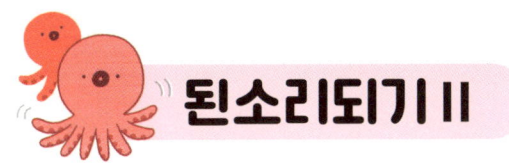

된소리되기 II

'똑똑 한글 공부 6권'에서는 겹받침을 배웁니다. 겹받침 ㄺ, ㄳ은 [ㄱ]으로, 겹받침 ㅄ과 ㄿ [ㅂ]으로 소리 나기 때문에 된소리되기가 일어납니다. 또한 겹받침 ㄻ ㄵ ㄼ ㄾ은 용언의 어간 받침으로 사용될 때 된소리되기 현상이 일어납니다. 따라서 겹받침을 배우는 과정에서도 된소리되기 현상은 자주 등장합니다.

그런데 어린아이가 겹받침을 배우면서 된소리되기도 동시에 배우는 것은 너무 많은 정보를 한꺼번에 접하게 되어 자칫 흥미를 잃을 수 있습니다. 특히 용언의 어간 받침으로 사용되는 된소리되기를 이해하는 것은 상당히 어렵습니다.

부모님께서 된소리되기에 대한 이해를 충분히 한 상태에서 어린아이에게 적절한 설명을 할 수 있도록 이 책에 등장하는 된소리되기에 대하여 정리하였습니다. 부모님께서는 겹받침 뒤의 된소리되기에 대한 이해를 하고 어린 아이에게 적절한 지도를 하기 바랍니다.

1 받침 ㄱ 뒤에서 ㄱ ㄷ ㅂ ㅅ ㅈ이 ㄲ, ㄸ, ㅃ, ㅆ, ㅉ으로 소리 납니다.

박다 [박따]   익다 [익따]

1-1 ㄱ으로 소리 나는 겹받침 ㄺ과 ㄳ 뒤에서도 된소리로 소리 납니다.

읽다 [익따]   굵다 [국:따]   밝다 [박따]   낡다 [낙따]   늙다 [늑따]   맑다 [막따]
몫과 [목꽈]   샀도 [삭또]   넋도 [넉또]

*읽고[일꼬] 읽기[일끼]처럼 겹받침 ㄺ이 예외적으로 [ㄹ]로 소리 나는 경우에도 된소리되기가 일어납니다. [ㄹ]로 소리 나지만 ㄺ의 ㄱ 뒤의 된소리 되기로 생각하면 이해하기 쉽습니다.

2 받침 ㅂ 뒤에서 ㄱ ㄷ ㅂ ㅅ ㅈ이 ㄲ, ㄸ, ㅃ, ㅆ, ㅉ으로 소리 납니다.

입다 [입따]

2-2. ㅂ으로 소리 나는 겹받침 ㅄ과 ㄿ 뒤에서도 된소리로 소리 납니다.

값도 [갑또]   없다 [업:따]   가엾다 [가:엽따]
읊다 [읍따]   읊조리다 [읍쪼리다]

3 어간 받침 ㄴ(ㄵ), ㅁ(ㄻ) 뒤의 어미 첫소리 ㄱ, ㄷ, ㅅ, ㅈ 은 된소리로 발음합니다.(표준발음법 24항)

안다[안:따]/ 앉다 [안따]   얹다 [언따]

담다[담:따] / 닮다 [담:따]   삶다 [삼:따]   젊다 [점:따]   굶다 [굼:따]   옮다 [옴:따]   곪다 [곰:따]

*반지[반지] 남자[남자] 삶과[삼:과]처럼 체언의 받침으로 사용되면 뒤의 자음은 된소리가 되지 않습니다.

*ㄵ은 ㄴ으로, ㄻ은 ㅁ으로 소리 나는 점을 생각하면 이해하기 쉽습니다.
*체언: 문장에서 주어 따위의 기능을 하는 명사, 대명사, 수사.
*용언: 문장에서 서술어 기능을 하는 동사, 형용사.

4 어간 받침 ㄼ, ㄾ 뒤에 결합되는 어미의 첫소리 ㄱ, ㄷ, ㅅ, ㅈ 은 된소리로 발음합니다.(표준 발음법 25항)

얇다 [얄:따]   엷다 [열:따]   넓다 [널따]   짧다 [짤따]   떫다 [떨:따]

핥다 [할따]   훑다 [훌따]
*여덟과[여덜과]처럼 체언의 받침으로 사용되면 뒤의 자음은 된소리가 되지 않습니다.

*겹받침 ㄼ, ㄾ은 [ㄹ]로 소리 나지만 ㄼ의 ㅂ, ㄾ의 ㅌ(ㄷ으로 소리남) 뒤의 된소리 되기로 생각하면 이해하기 쉽습니다.

목차

I 겹받침 ㄺ ㄻ ㄿ
겹받침 ㄺ ·· 14
뒤로 넘어가서 소리 나는 겹받침 ㄺ ··································· 20
겹받침 ㄻ ㄿ ·· 26
뒤로 넘어가서 소리 나는 겹받침 ㄻ ㄿ ······························· 32

II 받침 ㅎ과 받침 ㅎ이 있는 겹받침 ㄶ ㅀ
받침 ㅎ ··· 38
뒤로 넘어가지 않고 사라지는 받침 ㅎ ································ 44
받침 ㅎ이 있는 겹받침 ㄶ ㅀ ·· 48
뒤로 넘어가서 소리 나는 겹받침 ㄶ ㅀ ······························· 54

III 겹받침 ㄼ ㄾ ㄵ ㅄ ㄳ ㄽ
겹받침 ㄼ ·· 60
뒤로 넘어가서 소리 나는 겹받침 ㄼ ··································· 64
겹받침 ㄾ ㄵ ·· 68
뒤로 넘어가서 소리 나는 겹받침 ㄾ, ㄵ ······························ 72
겹받침 ㅄ ㄳ ㄽ ·· 76
뒤로 넘어가서 소리 나는 겹받침 ㅄ ㄳ ㄽ ··························· 82

부록
소리가 같거나 비슷해요. 하지만 뜻이 달라 구별해서 사용해요. ······ 88
혼동하기 쉽지만 뜻을 정확히 구별해서 사용해요. ····················· 101

겹받침 ㄺ

겹받침 ㄺ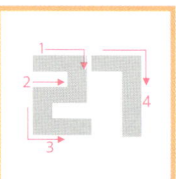

- 겹받침은 서로 다른 자음자 중에 하나로만 소리 나요.
- 겹받침 ㄺ은 뒤의 자음인 [ㄱ]으로 소리 나요.
- 색이 있는 글자의 받침소리를 비교해 보아요.

못을 **박**다.

달이 **밝**다.

겹받침 ㄺ은 뒤 자음인 [ㄱ]으로 읽어요. 하지만 쓸 때는 원래 받침인 ㄺ으로 써야 해요.

'못을 박다'의 '박'과 '달이 밝다'의 '밝'은 모두 [박]으로 읽어요.

박다 [박따] **밝다** [박따]

하지만 '달이 밝다'의 '밝'을 쓸 때는 원래 받침인 ㄺ을 써서 '밝'으로 써야 해요.

 **부모님께** 받침 ㄱ 뒤에서 ㄱ ㄷ ㅂ ㅅ ㅈ이 ㄲ, ㄸ, ㅃ, ㅆ, ㅉ으로 소리 나는 것처럼 ㄱ으로 소리 나는 겹받침 ㄺ 뒤에서도 된소리로 소리 납니다.(11페이지)
그래서 '박다' '밝다' '익다' '읽다'는 [박따] [박따] [익따] [익따]로 소리 납니다.

♥ 겹받침은 성인들도 표준발음법과 틀리게 발음하는 경우가 많을 정도로 쉽지 않습니다. 아이가 흥미를 잃지 않게 차근차근 천천히 배웁니다.

● 색이 있는 글자의 받침소리를 비교해 보아요.

사과가 익다.   책을 읽다.

겹받침 ㄺ은 뒤 자음인 [ㄱ]으로 읽어요. 하지만 쓸 때는 원래 받침인 ㄺ으로 써야 해요. '사과가 익다'의 '익'과 '책을 읽다'의 '읽'은 모두 [익]으로 읽어요.

 [익따]    [익따]

하지만 '책을 읽다'의 '읽'을 쓸 때는 원래 받침인 ㄺ을 써서 '읽'으로 써야 해요.

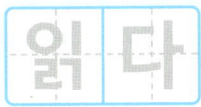

 **겹받침 ㄺ이 있는 단어를 바르게 읽고 바르게 써요.**

● 겹받침 ㄺ은 [ㄱ]으로 읽어요. 하지만 쓸 때는 원래 받침인 ㄺ을 써야 해요.

이렇게 읽어요!　　　이렇게 써요!

　　[닥]　

　　[흑]　

　　[익따]　책을

　　[국ː따]　팔뚝이

 **부모님께** 겹받침 ㄺ이 있는 단어를 배웁니다. 그림을 보며 어떻게 읽고 어떻게 쓰는지 익힙니다.

이렇게 읽어요! 　　　　　　　이렇게 써요!

  밝다 [박따] 　　달이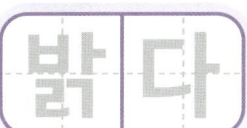

  낡다 [낙따] 　　집이

  늙다 [늑따] 　　나이를 먹고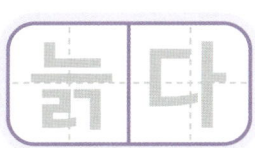

  맑다 [막따] 　　물이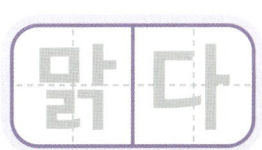

 **부모님께** 받침 ㄱ 뒤에서 ㄱ ㄷ ㅂ ㅅ ㅈ이 ㄲ, ㄸ, ㅃ, ㅆ, ㅉ로 소리 나는 것처럼 ㄱ으로 소리 나는 겹받침 ㄺ 뒤에서도 된소리로 소리 납니다.(11페이지)
그래서 '읽다' '굵다' '밝다' '낡다' '늙다' '맑다'는 [익따] [국ː따] [박따] [낙따] [늑따] [막따]로 소리 납니다.

 **그림을 보고 바르게 쓰인 글자를 골라 선을 이어요.**

닭
닥
닭

흙
흑

굵다
국따

운동을 열심히 한 삼촌은 팔뚝이

 **글을 읽고 올바르게 사용된 낱말에 ○표 하세요.**

더 이상 입기에는 옷이 너무 (낡다, 낙따).
남의 일기를 (읽지, 익찌) 마라.
어둠이 걷히고 날이 (박따, 밝다).
비가 온 후에 하늘이 (맑다, 막따).

  '선 잇기'와 '○표 하기' '따라 쓰기'를 통하여 바른 글쓰기를 익힙니다.

 **바르게 쓰인 글자를 골라 따라 쓰세요.**

열 마리의 (닭 | 닥) (흑 | 흙) 묻은 손을 씻다.

한글을 술술 (읽다 | 익따).

밭에서 캔 감자알이 (국따 | 굵다).

오늘 밤은 별빛이 유난히도 (밝다 | 박따).

오랫동안 타서 자전거가 (낙따 | 낡다).

그 남자는 나이를 먹고 (늙다 | 늑따).

나무가 울창한 숲속은 공기가 (막따 | 맑다).

숲속의 공기는 (맑고 | 말꼬) 깨끗하다.

책을 (읽고 | 일꼬) 독후감을 써라.

 겹받침 ㄺ은 [ㄱ]으로 읽지만 [ㄹ]로 소리 나는 예외가 있습니다. 표준발음법 11항 다만, 용언의 어간 말음 'ㄺ'은 'ㄱ' 앞에서 [ㄹ]로 발음한다. 맑고[말꼬] 읽고[일꼬] (9페이지)
겹받침 ㄺ이 예외적으로 [ㄹ]로 소리 나도 맑고[말꼬] 읽고[일꼬]처럼 된소리되기가 일어나는 것은 ㄹ의 ㄱ 뒤의 된소리되기로 생각하면 이해하기 쉽습니다.(11페이지)

뒤로 넘어가서 소리 나는 겹받침 ㄺ

• 잘못 쓴 글자를 찾아보세요.

달기 지붕 위로 올라가요.

겹받침 ㄺ은 뒤 자음인 [ㄱ]으로 소리 나지만 겹받침 ㄺ 뒤에 모음이 오면 겹받침의 앞 자음인 ㄹ이 받침으로 소리 나고 겹받침의 뒤 자음인 ㄱ은 뒤로 넘어가서 소리 나요.

닭 [닥]   닭 + 이 [달기]

하지만 쓸 때는 ㄺ을 원래 받침 자리에 써야 해요.

닭이

'달기'는 소리 나는 대로 써서 틀렸어요. '닭이'라고 써야 해요.

 겹받침 뒤에 모음이 오면 겹받침의 앞 자음이 받침으로 소리 나고 겹받침의 뒤 자음은 뒤로 넘어가서 소리 나요.

• 잘못 쓴 글자를 찾아보세요.

흘그로 인형을 만들어요.

겹받침 ㄺ은 뒤 자음인 [ㄱ]으로 소리 나지만 겹받침 ㄺ 뒤에 모음이 오면 겹받침의 앞 자음인 ㄹ이 받침으로 소리 나고 겹받침의 뒤 자음인 ㄱ은 뒤로 넘어가서 소리 나요.

 [흑]   +    [흘그로]

하지만 쓸 때는 ㄺ을 원래 받침 자리에 써야 해요.

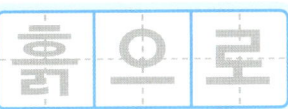

'흘그로'는 소리 나는 대로 써서 틀렸어요. '흙으로'라고 써야 해요.

겹받침 ㄺ이 뒤로 넘어가서 나는 소리를 바르게 읽고 바르게 써요.

● 겹받침 ㄺ은 [ㄱ]으로 소리 나지만 겹받침 ㄺ 뒤에 모음이 오면 겹받침의 앞 자음인 ㄹ이 받침으로 소리 나고 겹받침의 뒤 자음인 ㄱ은 뒤로 넘어가서 소리 나요. 하지만 쓸 때는 ㄺ을 원래 받침 자리에 써야 해요.

이렇게 읽어요!   이렇게 써요!

  늙은이 [늘그니]   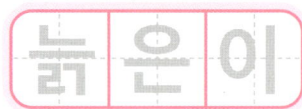 늙은이

♥ '늙은이'는 ㄺ의 ㄱ과 '은의 ㄴ'이 뒤로 넘어가서 [늘그니]로 소리 납니다.

  닭 [닥]
 닭 + 이 [달기]   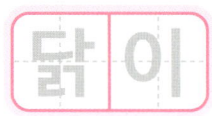 닭이 울어요.

  흙 [흑]
 흙 + 으로 [흘그로]   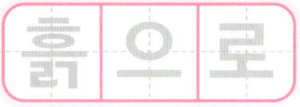 흙으로 인형을 만들어요.

  읽다 [익따]
 읽어요 [일거요]   책을 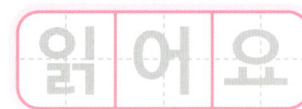 읽어요

  굵다 [국:따]
 굵은 [굴:근]    굵은 팔뚝

 **부모님께** 겹받침 ㄹ이 뒤로 넘어가서 나는 소리를 알고 어떻게 써야 하는지를 배웁니다.

이렇게 읽어요! 　　　　　　　　　이렇게 써요!

　밝다 [박따]　　　　보름달이
　　　　밝아요 [발가요]　　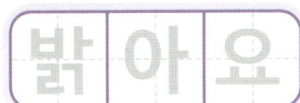

　낡다 [낙따]　　　　집이
　　　　낡아서 [날가서]　　금이 갔어요.

　늙다 [늑따]　　　　
　　　　늙어서 [늘거서]　　머리가 하얘지다.

　맑다 [막따]　　　　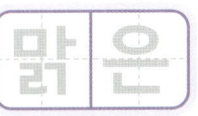
　　　　맑은 [말근]　　　　물이 흘러요.

 **그림을 보고 바르게 쓰인 글자를 골라 선을 이어요.**

늙은이

늘그니

집을 수리해야 해요.

날근

낡은

물이 ☐☐ 바닥이 보여요.

맑아

말가

 **글을 읽고 올바르게 사용된 낱말에 ○표 하세요.**

병아리가 어미 (닭을, 달글) 따라다녀요.
손에 묻은 (흘글, 흙을) 털어요.
가지를 늘어뜨린 (늘근, 늙은) 소나무가 멋있어요.
기둥이 (굴거서, 굵어서) 뒤에 숨을 수 있어요.

  '선 잇기'와 '○표 하기' '따라 쓰기'를 통하여 바른 글쓰기를 익힙니다.

 **바르게 쓰인 글자를 골라 따라 쓰세요.**

(닭이 | 달기) 모이를 쪼아요.

(훌기 | 흙이) 묻은 신발을 털어요.

(읽은 | 일근) 책은 따로 정리해 두어요.

(굴근 | 굵은) 생선 가시를 젓가락으로 발라내요.

(밝은 | 발근) 보름달을 보며 소원을 빌어요.

아버지는 (낡은 | 날근) 가방도 소중히 여겨요.

사람은 누구나 (늘거요 | 늙어요).

숲속에서 시원하고 (맑은 | 말근) 공기를 마셔요.

저기 가는 저 (늘그니 | 늙은이) 짐 벗어 나를 주오.

겹받침 ㄻ ㄿ

겹받침 ㄻ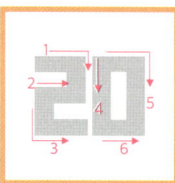

- 겹받침은 서로 다른 자음자 중에 하나로만 소리 나요.
- 겹받침 ㄻ은 뒤의 자음인 [ㅁ]으로 소리 나요.
- 색이 있는 글자의 받침소리를 비교해 보아요.

물을 담다.

얼굴이 닮다.

겹받침 ㄻ은 뒤 자음인 [ㅁ]으로 읽어요. 하지만 쓸 때는 원래 받침인 ㄻ으로 써야 해요.

'물을 담다'의 '담'과 '얼굴이 닮다'의 '닮'은 모두 [담]으로 읽어요

담다 [담:따]   닮다 [담:따]

하지만 '얼굴이 닮다'의 '닮'을 쓸 때는 원래 받침인 ㄻ을 써서 '닮'으로 써야 해요.

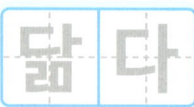

 부모님께 어간 받침 ㅁ(ㄻ) 뒤의 어미 첫소리 'ㄱ, ㄷ, ㅅ, ㅈ'은 된소리로 발음합니다.(11페이지) 그래서 '담다' '닮다'는 [담:따] [담:따]로 소리 납니다.

겹받침 ㄿ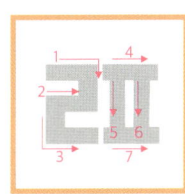

- 겹받침 ㄿ은 뒤의 자음인 ㅍ이 [ㅂ]으로 소리 나기 때문에 [ㅂ]으로 소리 나요.
- 색이 있는 글자의 받침소리를 비교해 보아요.

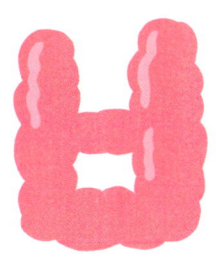
비**읍**

시를 **읊**다.

겹받침 ㄿ은 뒤 자음인 ㅍ이 [ㅂ]으로 소리 나기 때문에 [ㅂ]으로 소리 나요.

하지만 쓸 때는 원래 받침인 ㄿ으로 써야 해요.

'비읍'의 '읍'과 '시를 읊다'의 '읊'은 모두 [읍]으로 읽어요.

비**읍** [비읍]   읊**다** [읍따]

하지만 '시를 읊다'의 '읊'을 쓸 때는 원래 받침인 ㄿ을 써서 '읊'으로 써야 해요.

부모님께 받침 ㅂ 뒤에서 ㄱ ㄷ ㅂ ㅅ ㅈ이 ㄲ, ㄸ, ㅃ, ㅆ, ㅉ으로 소리 나는 것처럼 ㅂ으로 소리 나는 겹받침 ㄿ 뒤에서도 된소리로 소리 납니다.(11페이지) 그래서 '읊다'는 [읍따]로 소리 납니다.

 **겹받침 ㄻ과 ㄼ이 있는 단어를 바르게 읽고 바르게 써요.**

• 겹받침 ㄻ은 [ㅁ]으로 읽고 겹받침 ㄼ은 [ㅂ]으로 읽어요. 하지만 쓸 때는 원래 받침인 ㄻ과 ㄼ으로 써야 해요.

이렇게 읽어요! 　　 이렇게 써요!

  [삼ː]  과 죽음

  [삼ː따] 달걀을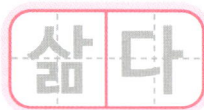

  [담ː따] 얼굴이

  [점ː따] 자녀들이

  [굼ː따] 밥을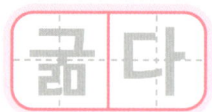

 부모님께 어간 받침 ㅁ(ㄻ) 뒤의 어미 첫소리 'ㄱ, ㄷ, ㅅ, ㅈ'은 된소리로 발음합니다. 그래서 '삶다' '닮다' '젊다' '굶다' '옮다' '곪다'는 [삼ː따] [담ː따] [점ː따] [굼ː따] [옴ː따] [곰ː따]로 소리 납니다. '남자' [남자] '삶과' [삼ː과]처럼 체언의 받침으로 사용된 ㅁ(ㄻ) 뒤의 자음은 된소리가 되지 않습니다.(11~12페이지)

 **부모님께** 겹받침 ㄻ과 ㄿ이 있는 단어를 배웁니다. 그림을 보며 어떻게 읽고 어떻게 쓰는지 익힙니다.

| | | 이렇게 읽어요! | 이렇게 써요! |

  옮다 [옴ː따] 병이

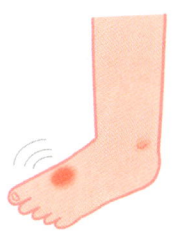  곪다 [곰ː따] 상처가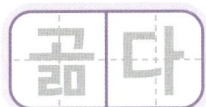

  읊다 [읍따] 시조를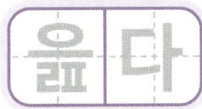

♥ 읊다: 억양을 넣어 시를 읽거나 외다.

  읊조리다 [읍쪼리다] 노래를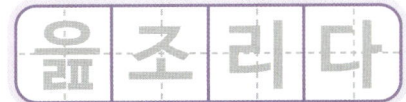

♥ 읊조리다: 음미하며 낮은 목소리로 읊다.

 **부모님께** 받침 ㅂ 뒤에서 ㄱ ㄷ ㅂ ㅅ ㅈ이 ㄲ, ㄸ, ㅃ, ㅆ, ㅉ으로 소리 나는 것처럼 ㅂ으로 소리 나는 겹받침 ㄿ 뒤에서도 된소리로 소리 납니다.(11페이지) 그래서 '읊다' '읊조리다'는 [읍따] [읍쪼리다]로 소리 납니다.

 **그림을 보고 바르게 쓰인 글자를 골라 선을 이어요.**

· 삶
· 삼

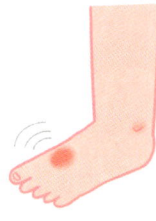

상처가 ☐☐ 아니하게 소독을 해야 해요.

· 곰찌
· 곪지

잊었던 노래를 ☐☐☐☐

· 읍쪼리다
· 읊조리다

 **글을 읽고 올바르게 사용된 낱말에 ○표 하세요.**

행주를 (삶는, 삼는) 통에서 물이 넘쳐요.
엄마는 제일 (담꼬, 닮고) 싶은 사람이다.
깨끗이 손과 발을 씻어서 감기가 (옴찌, 옮지) 못하게 하였다.
서당 개가 풍월을 (읊다, 읍따).

  '선 잇기'와 '○표 하기' '따라 쓰기'를 통하여 바른 글쓰기를 익힙니다.

 **바르게 쓰인 글자를 골라 따라 쓰세요.**

위인들의 ( | ) 속에서 교훈을 얻다.

김장을 끝내고 돼지고기를 (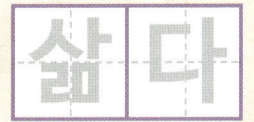 | ).

아들이 아빠를 (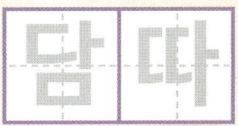 | 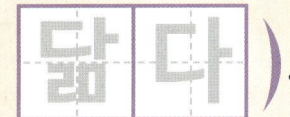).

나이에 비해 훨씬 (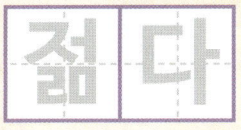 | 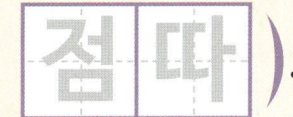).

흉년이 들어서 백성들이 (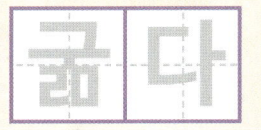 | ).

수영장을 다녀온 후 눈병이 (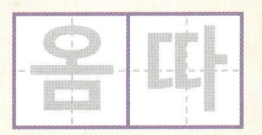 | 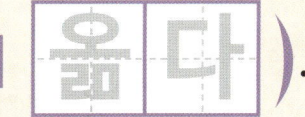).

깨끗하지 않은 손으로 짜서 여드름이 (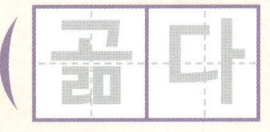 | ).

아름다운 풍경을 시로 ( | 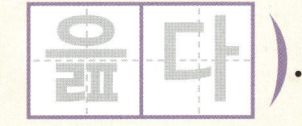).

혼자서 조용히 ( | 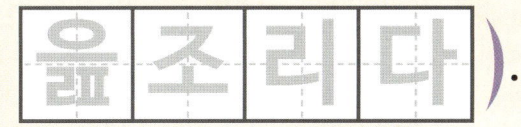).

뒤로 넘어가서 소리 나는 겹받침 ㄻ ㄿ

• 잘못 쓴 글자를 찾아보세요.

살믄 계란을 까먹어요.

겹받침 ㄻ은 뒤 자음인 [ㅁ]으로 소리 나지만 겹받침 ㄻ 뒤에 모음이 오면 겹받침의 앞 자음인 ㄹ이 받침으로 소리 나고 겹받침의 뒤 자음인 ㅁ은 뒤로 넘어가서 소리 나요.

삶다 [삼:따]   **삶은** [살믄]

하지만 쓸 때는 ㄻ을 원래 받침 자리에 써야 해요.

삶 은

'살믄'은 소리 나는 대로 써서 틀렸어요. '삶은'이라고 써야 해요.

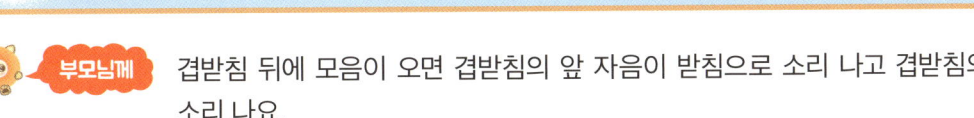 겹받침 뒤에 모음이 오면 겹받침의 앞 자음이 받침으로 소리 나고 겹받침의 뒤 자음은 뒤로 넘어가서 소리 나요.

• 잘못 쓴 글자를 찾아보세요.

시를 을퍼요.

겹받침 ㄿ은 뒤 자음인 ㅍ이 ㅂ으로 소리 나기 때문에 [ㅂ]으로 소리 나지만 겹받침 ㄿ 뒤에 모음이 오면 겹받침의 앞 자음인 ㄹ이 받침으로 소리 나고 겹받침의 뒤 자음인 ㅍ은 뒤로 넘어가서 [ㅍ]으로 소리 나요.

읊다 [읍따]   **읊어요** [을퍼요]

하지만 쓸 때는 ㄿ을 원래 받침 자리에 써야 해요.

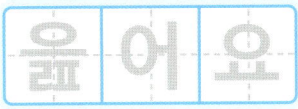

'을퍼요'는 소리 나는 대로 써서 틀렸어요. '읊어요'라고 써야 해요.

 **겹받침 ㄻ과 ㄼ이 뒤로 넘어가서 나는 소리를 바르게 읽고 바르게 써요.**

● 겹받침 ㄻ은 [ㅁ]으로 읽고 겹받침 ㄼ은 [ㅂ]으로 읽지만 뒤에 모음이 오면 겹받침의 앞 자음인 ㄹ이 받침으로 소리 나고 겹받침의 뒤 자음인 ㅁ, ㅍ은 뒤로 넘어가서 소리 나요. 하지만 쓸 때는 ㄻ과 ㄼ을 원래 받침 자리에 써야 해요.

이렇게 읽어요! 　　　이렇게 써요!

 **젊은이** [절므니]　　

♥ '젊은이'는 ㄻ의 ㅁ과 '은의 ㄴ'이 뒤로 넘어가서 [절므니]로 소리 납니다.

 **삶** [삼ː]
삶 + 을 [살ː믈]

다시 살아나 새로운  살다.

 **젊다** [점ː따]
젊은 [절문]

 아들이 무거운 짐을 들었다.

 **삶다** [삼ː따]
삶은 [살믄]

 달걀이 뜨겁다.

 **닮다** [담ː따]
닮아서 [달마서]

너무 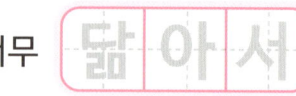 구별하기 어렵다.

 **부모님께** 겹받침 ㄻ과 ㅍ이 뒤로 넘어가서 나는 소리를 알고 어떻게 써야 하는지를 배웁니다.

	이렇게 읽어요!	이렇게 써요!
	 [굼:따] [굴므니]	며칠 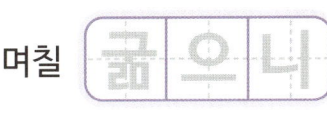 어지럽다.
	 [옴:따] [올마]	눈병이  안과에 가다.
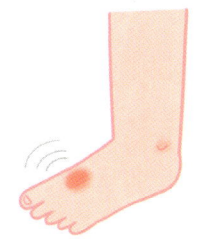	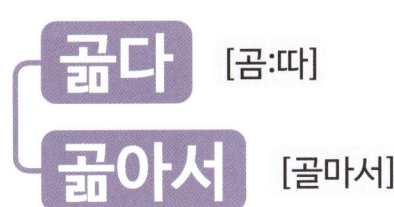 [곰:따] [골마서]	상처가 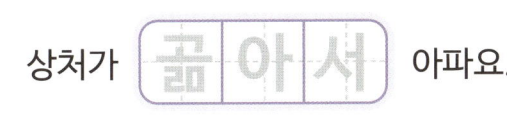 아파요.
	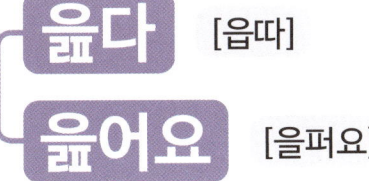 [읍따] [을퍼요]	시조를 
	 [읍따] [을프니]	슬픈 시를 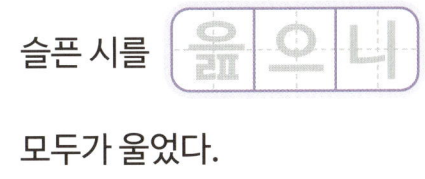 모두가 울었다.

 **그림을 보고 바르게 쓰인 글자를 골라 선을 이어요.**

· 절므니
· 젊은이

냄비에 계란을 ☐☐☐

· 삶아요
· 살마요

꼭 ☐☐ 자매

· 닮은
· 달믄

 **글을 읽고 올바르게 사용된 낱말에 ○표 하세요.**

하루 종일 (굶어, 굴머) 배가 홀쭉하다.
감기가 (올믄, 옮은) 것 같아요.
(곪은, 골믄) 상처가 덧나다.
시조를 (을프면서, 읊으면서) 산길을 걷다.

  '선 잇기'와 '○표 하기' '따라 쓰기'를 통하여 바른 글쓰기를 익힙니다.

바르게 쓰인 글자를 골라 따라 쓰세요.

(절므니 · 젊은이)들은 흥분해서 껑충껑충 뛰었다.

(절문 · 젊은) 사람들로 거리가 북적대요.

위인들의 (삶에서 · 살메서) 교훈을 얻다.

감자를 (살마서 · 삶아서) 먹다.

나는 아빠를 (닮아서 · 달마서) 키가 커요.

며칠 (굶은 · 굴문) 사람처럼 허겁지겁 먹는다.

불이 (올마 · 옮아) 붙어 커졌다.

(곪은 · 골문) 상처에 약을 발라요.

조용히 시를 (을퍼요 · 읊어요).

외로움을 (읊은 · 을푼) 노래

받침 ㅎ

받침 ㅎ

- 받침 ㅎ은 소리가 달라져요.
- 잘못 쓴 글자를 찾아보세요.

구름이 하야타.

받침 ㅎ 뒤에 ㄱ, ㄷ, ㅈ이 오면 ㅎ과 합쳐져서 [ㅋ] [ㅌ] [ㅊ]으로 소리 나요.

하얗다 [하:야타]

하지만 쓸 때는 ㅎ을 원래 받침 자리에 쓰고 뒤에 오는 자음도 원래대로 ㄱ, ㄷ, ㅈ으로 써야 해요.

하 얗 다

'하야타'는 소리 나는 대로 써서 틀렸어요. '하얗다'로 써야 해요.

 받침 ㅎ은 뒤에 오는 자음과 모음에 따라 소리가 변하는 경우가 많습니다.(9~10페이지) 여기서는 가장 많이 접하는 '뒤에 ㄱ, ㄷ, ㅈ이 오는 경우'와 '뒤에 모음이 오는 경우'만을 다루었습니다.

• 잘못 쓴 글자를 찾아보세요.

바둑이가 강아지를 나타.

받침 ㅎ 뒤에 ㄱ, ㄷ, ㅈ이 오면 ㅎ과 합쳐져서 [ㅋ] [ㅌ] [ㅊ]으로 소리 나요.

 [나:타]

하지만 쓸 때는 ㅎ을 원래 받침 자리에 쓰고 뒤에 오는 자음도 원래대로 ㄱ, ㄷ, ㅈ으로 써야 해요.

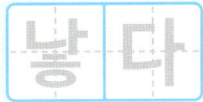

'나타'는 소리 나는 대로 써서 틀렸어요. '낳다.'로 써야 해요.

받침 ㅎ이 있는 단어를 바르게 읽고 바르게 써요.

• 받침 ㅎ 뒤에 ㄱ, ㄷ, ㅈ이 오면 ㅎ과 합쳐져서 [ㅋ] [ㅌ] [ㅊ]으로 소리 나요. 하지만 쓸 때는 ㅎ을 원래 받침 자리에 쓰고 뒤에 오는 자음도 원래대로 ㄱ, ㄷ, ㅈ으로 써야 해요.

이렇게 읽어요! 이렇게 써요!

 파랗다 [파:라타] 하늘은 파랗다

 하얗다 [하:야타] 구름은 하얗다

 노랗다 [노:라타] 은행잎은 노랗다

 까맣다 [까:마타] 고기가 타서 까맣다

 빨갛다 [빨:가타] 사과가 익어서 빨갛다

 받침 ㅎ이 있는 단어를 배웁니다. 그림을 보며 어떻게 읽고 어떻게 쓰는지 익힙니다.

이렇게 읽어요!	이렇게 써요!

  [조:타]   맛이

  [너:타]   필통에 색연필을

  [나:타]   어미 개가 새끼를

  [노타]   책상에 책을

  [싸타]   벽돌을

  [다:타]   머리가 천장에

 **그림을 보고 바르게 쓰인 글자를 골라 선을 이어요.**

하늘이 ⬚⬚⬚ ?

파라치

파랗지

고기가 ⬚⬚⬚ 탔다.

까맣게

까마케

사과가 ⬚⬚⬚ 익었다.

빨갛게

빨가케

 **글을 읽고 올바르게 사용된 낱말에 ○표 하세요.**

고래는 알을 (나치, 낳지)? 아니야.
맛도 (좋고, 조코) 모양도 예쁘다.
더 이상 (쌓지, 싸치) 말아라.
침대 밑으로 굴러간 구슬이 손가락에 (다타, 닿다).

  '선 잇기'와 '○표 하기' '따라 쓰기'를 통하여 바른 글쓰기를 익힙니다.

 **바르게 쓰인 글자를 골라 따라 쓰세요.**

바다는 (파라코 | 파랗고)

파도는 (하야타 | 하얗다).

꽃밭에 핀 꽃들이 (노랗고 | 노라코) (빨갛다 | 빨가타).

얼굴이 (까마케 | 까맣게) 타다.

제비가 알을 (낳다 | 나타).

잡곡밥은 맛도 (조코 | 좋고) 건강에도 (조타 | 좋다).

독서를 하며 마음의 양식을 (쌓다 | 싸타).

호주머니에 손을 (너타 | 넣다).

밥상 위에 젓가락을 (놓다 | 노타).

발이 땅에 (다타 | 닿다).

뒤로 넘어가지 않고 사라지는 받침 ㅎ

• 잘못 쓴 글자를 찾아보세요.

나는 바둑이가 조아요.

받침 ㅎ 뒤에 모음이 오면 ㅎ은 뒤로 넘어가서 소리 나지 않고 사라져요.

좋다 [조:타]　　**좋아요** [조:아요]

하지만 쓸 때는 ㅎ을 원래 받침 자리에 써야 해요.

| 좋 | 아 | 요 |

'조아요'는 소리 나는 대로 써서 틀렸어요. '좋아요'라고 써야 해요.

부모님께 파랗다, 하얗다, 노랗다 등은 '파랗+아=파래, 파랗+으니=파라니'처럼 불규칙활용을 합니다. 이는 중고등학교에서 배우는 과정으로 여기서는 다루지 않습니다.

 **받침 ㅎ은 뒤로 넘어가지 않고 사라져요.**

● 받침 ㅎ 뒤에 모음이 오면 ㅎ은 뒤로 넘어가서 소리 나지 않고 사라져요. 하지만 쓸 때는 ㅎ을 원래 받침 자리에 써야 해요.

이렇게 읽어요!   이렇게 써요!

   좋다 [조:타]   좋아서
좋아서 [조:아서]   팔짝팔짝 뛰어요.

   낳다 [나:타]   어미 개가 새끼를
낳아요 [나아요]   낳아요

   쌓다 [싸타]   벽돌을
쌓아요 [싸아요]   쌓아요

   넣다 [너:타]   필통에 색연필을
넣어요 [너어요]   넣어요

   놓다 [노타]   책상에 책을
놓아요 [노아요]   놓아요

   닿다 [다:타]   머리가 천장에
닿아요 [다아요]   닿아요

 **그림을 보고 바르게 쓰인 글자를 골라 선을 이어요.**

 맛이 난다.

• 조은

• 좋은

강아지를 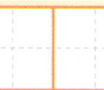 지 7일 됐어요.

• 낳은

• 나은

벽돌을  담을 만들어요.

• 싸아서

• 쌓아서

 **글을 읽고 올바르게 사용된 낱말에 ○표 하세요.**

새우젓을 (너은, 넣은) 김치
빨랫줄에 바지를 걸어 (놓아라, 노아라).
얼음이 목에 (다아서, 닿아서) 깜짝 놀랐어요.

  '선 잇기'와 '○표 하기' '따라 쓰기'를 통하여 바른 글쓰기를 익힙니다.

 **바르게 쓰인 글자를 골라 따라 쓰세요.**

시장에서 싸고 (좋은 | 조은) 물건을 샀다.

아기를 (나아서 | 낳아서) 키우다.

바닷가에 모래로 (쌓은 | 싸은) 성

설탕을 조금 더 (너어라 | 넣어라).

이 책을 어디에 (놓아요 | 노아요)?

바람이 얼굴에 (다아 | 닿아) 시원하다.

손이 안 (닿는 | 단는) 곳으로 공이 굴러갔다.

자음을 (닿소리 | 다쏘리)라고도 한다.

 받침 ㅎ 뒤에 ㄴ이 결합하면 ㅎ이 [ㄴ]으로 소리 납니다. 닿는[단:는]
받침 ㅎ 뒤에 ㅅ이 결합하면 ㅅ이 [ㅆ]으로 소리 납니다. 닿소리[다쏘리] (10페이지)

받침 ㅎ이 있는 겹받침 ㄶ ㅀ

겹받침 ㄶ

- 겹받침은 서로 다른 자음자 중에 하나로만 소리 나요.
- 겹받침 ㄶ은 앞의 자음인 [ㄴ]으로 소리 나요.
- 잘못 쓴 글자를 찾아보세요.

사과가 만타.

겹받침 ㄶ 뒤에 ㄱ, ㄷ, ㅈ이 오면 받침 ㅎ처럼 ㅎ과 합쳐져서 [ㅋ] [ㅌ] [ㅊ]으로 소리 나고 앞 자음인 ㄴ이 받침으로 소리 나요.

많다 [만ː타]

하지만 쓸 때는 ㄶ을 원래 받침 자리에 쓰고 뒤의 자음도 원래대로 ㄱ, ㄷ, ㅈ으로 써야 해요.

'만타'는 소리 나는 대로 써서 틀렸어요. '많다'로 써야 해요.

 부모님께 겹받침 ㄶ ㅀ 뒤에 ㄱ, ㄷ, ㅈ이 오면 받침 ㅎ처럼 ㅎ과 합쳐져서 [ㅋ] [ㅌ] [ㅊ]으로 소리 나고 앞 자음인 ㄴ, ㄹ이 받침으로 소리나요(10페이지)

겹받침 ㅀ

- 겹받침 ㅀ은 앞의 자음인 [ㄹ]로 소리 나요.
- 잘못 쓴 글자를 찾아보세요.

물이 끌타.

겹받침 ㅀ 뒤에 ㄱ, ㄷ, ㅈ이 오면 받침 ㅎ처럼 ㅎ과 합쳐져셔 [ㅋ] [ㅌ] [ㅊ]으로 소리 나고 앞 자음인 ㄹ이 받침으로 소리 나요.

끓다 [끌타]

하지만 쓸 때는 ㅀ을 원래 받침 자리에 쓰고 뒤의 자음도 원래대로 ㄱ, ㄷ, ㅈ으로 써야 해요.

끓 다

'끌타'는 소리 나는 대로 써서 틀렸어요. '끓다'로 써야 해요.

 **겹받침 ㄶ이 있는 단어를 바르게 읽고 바르게 써요.**

● 겹받침 ㄶ 뒤에 ㄱ, ㄷ, ㅈ이 오면 받침 ㅎ처럼 ㅎ과 합쳐져서 [ㅋ] [ㅌ] [ㅊ]으로 소리 나고 앞 자음인 ㄴ이 받침으로 소리 나요. 하지만 쓸 때는 ㄶ을 원래 받침 자리에 쓰고 뒤의 자음도 원래대로 ㄱ, ㄷ, ㅈ으로 써야 해요.

이렇게 읽어요! 이렇게 써요!

  않다 [안타] 숙제를 하지  않다

  많다 [만ː타] 사과가  많다

  끊다 [끈타] 고무줄을  끊다

  귀찮다 [귀찬타] 너무  귀찮다

  괜찮다 [괜찬타] 힘들어도  괜찮다

 **겹받침 ㅀ이 있는 단어를 바르게 읽고 바르게 써요.**

- 겹받침 ㅀ 뒤에 ㄱ, ㄷ, ㅈ이 오면 받침 ㅎ처럼 ㅎ과 합쳐져서 [ㅋ] [ㅌ] [ㅊ]으로 소리 나고 앞 자음인 ㄹ이 받침으로 소리 나요. 하지만 쓸 때는 ㅀ을 원래 받침 자리에 쓰고 뒤의 자음도 원래대로 ㄱ, ㄷ, ㅈ으로 써야 해요.

이렇게 읽어요! 이렇게 써요!

  닳다 [달타] 신발이

  싫다 [실타] 채소 반찬이

  끓다 [끌타] 물이

  꿇다 [꿀타] 무릎을

  뚫다 [뚤타] 구멍을

 **그림을 보고 바르게 쓰인 글자를 골라 선을 이어요.**

숙제를 하지 ☐☐ 놀다.

- 않고
- 안코

다쳤어? 아니야, 나는 정말 ☐☐☐.

- 괜찮다
- 괜찬타

신발이 다 ☐☐☐ 오래 신었다.

- 달토록
- 닳도록

 **글을 읽고 올바르게 사용된 낱말에 ○표 하세요.**

어른들은 (만코, 많고) 아이들은 적다.
아무것도 하기 (귀찮다, 귀찬타).
계속 먹다 보니 채소가 (실치 안타, 싫지 않다).
임금님 앞에서 무릎을 (꿇다, 꿀타).

  '선 잇기'와 '○표 하기' '따라 쓰기'를 통하여 바른 글쓰기를 익힙니다.

 **바르게 쓰인 글자를 골라 따라 쓰세요.**

놀이방에는 장난감이 (많다 | 만타).

한글 공부는 생각보다 어렵지 (안타 | 않다).

전화를 (끊지 | 끈치) 말아라.

(귀찬케 | 귀찮게) 굴지 말아라.

맛도 (괜찮고 | 괜찬코) 가격도 싸다.

(달치 | 닳지)(않도록 | 안토록) 옷감을 덧대다.

추워서 나가기 (싫다 | 실타).

된장찌개가 보글보글 (끌코 | 끓고) 있다.

무릎 (꿀치 | 꿇지)(않다 | 안타).

아빠가 막힌 하수구를 (뚤타 | 뚫다).

뒤로 넘어가서 소리 나는 겹받침 ㄴㅎ ㄹㅎ

• 잘못 쓴 글자를 찾아보세요.

사과가 마나 좋아요.

겹받침 ㄴㅎ 뒤에 모음이 오면 받침 ㅎ처럼 ㅎ은 사라지고 대신에 받침 ㄴ이 뒤로 넘어가서 소리를 내요.

많다 [만:타]   **많아** [마:나]

하지만 쓸 때는 ㄴㅎ을 원래 받침 자리에 써야 해요.

많 아

'마나'는 소리 나는 대로 써서 틀렸어요. '많아'라고 써야 해요.

  받침 ㅎ 뒤에 모음이 오면 받침 ㅎ이 사라지는 것처럼 겹받침 ㄶ과 ㅀ 뒤에 모음이 오면 ㅎ은 사라지고 대신에 받침 ㄴ과 ㄹ이 뒤로 넘어가서 소리가 나요.(10페이지)

• 잘못 쓴 글자를 찾아보세요.

물이 끄러요.

겹받침 ㅀ 뒤에 모음이 오면 받침 ㅎ처럼 ㅎ은 사라지고 대신에 받침 ㄹ이 뒤로 넘어가서 소리를 내요.

끓다 [끌타] **끓어요** [끄러요]

하지만 쓸 때는 ㅀ을 원래 받침 자리에 써야 해요.

'끄러요'는 소리 나는 대로 써서 틀렸어요. '끓어요'라고 써야 해요.

 **겹받침 ㄶ의 ㅎ은 사라지고 ㄴ이 뒤로 넘어가서 소리 나요.**

● 겹받침 ㄶ 뒤에 모음이 오면 ㅎ은 사라지고 대신에 받침 ㄴ이 뒤로 넘어가서 소리를 내요. 하지만 쓸 때는 ㄶ을 원래 받침 자리에 써야 해요.

이렇게 읽어요! / 이렇게 써요!

 많다 [만ː타] / 많아 [마ː나]

사과가 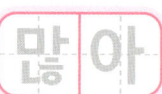 많아 좋다.

 않다 [안타] / 않은 [아는]

할 일을 뒤로 미루는 좋지  않은 습관

 끊다 [끈타] / 끊어 [끄너]

고무줄을  끊어 버리다.

 귀찮다 [귀찬타] / 귀찮아 [귀차나]

아무것도 하기  귀찮아 !

 괜찮다 [괜찬타] / 괜찮아 [괜차나]

정말 괜찮아 !

 **겹받침 ㅀ의 ㅎ은 사라지고 ㄹ이 뒤로 넘어가서 소리 나요.**

• 겹받침 ㅀ 뒤에 모음이 오면 ㅎ은 사라지고 대신에 받침 ㄹ이 뒤로 넘어가서 소리를 내요. 하지만 쓸 때는 ㅀ을 원래 받침 자리에 써야 해요.

이렇게 읽어요!   이렇게 써요!

싫다 [실타]
싫어 [시러]
먹기 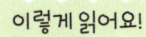 !

닳다 [달타]
닳아서 [다라서]
신발이  버리다.

끓다 [끌타]
끓어요 [끄러요]
물이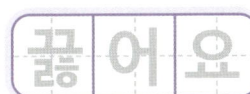

꿇다 [꿀타]
꿇어 [꾸러]
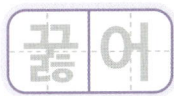 엎드리다.

뚫다 [뚤타]
뚫은 [뚜른]
쥐가  구멍

 **그림을 보고 바르게 쓰인 글자를 골라 선을 이어요.**

무릎을 ☐☐ 절하다.

• 꾸러
• 꿇어

정말 ☐☐☐☐

• 괜찮아요
• 괜차나요

물이 ☐☐ 후에 컵라면에 물을 부어요.

• 끄른
• 끓은

 **글을 읽고 올바르게 사용된 낱말에 ○표 하세요.**

방패연의 줄이 (끊어지다, 끄너지다).
운동장에는 (마는, 많은) 학생들이 있다.
다 (닳은, 다른) 구두 밑창을 갈다.
때로는 하기 (싫어도, 시러도) 해야 하는 일이 있다.

  '선 잇기'와 '○표 하기' '따라 쓰기'를 통하여 바른 글쓰기를 익힙니다.

 **바르게 쓰인 글자를 골라 따라 쓰세요.**

숙제가 (**많아서** | 마나서) 힘들어요.

하고 싶지 (아나요 | **않아요**).

(귀차는 | **귀찮은**) 일을 먼저 한다.

이 물 마셔도 (**괜찮은** | 괜차는) 거야?

듣기 (시러 | **싫어**)!

연필심이 (**닳아서** | 다라서) 깎아야 해요.

무릎 (**꿇은** | 꾸른) 자세로 바닥을 닦다.

얼음에 구멍을 (뚜론 | **뚫은**) 뒤에 낚시를 시작했어요.

변치 (**않는** | 안는) 우정을 맹세하다.

다들 수고가 (**많소** | 만쏘).

 **부모님께** 겹받침 ㄶ, ㅀ 뒤에 ㄴ이 결합하면 'ㅎ'을 발음하지 않습니다. 않는[안는]
겹받침 ㄶ, ㅀ 뒤에 ㅅ이 결합하면 ㅅ이 [ㅆ]으로 소리 납니다. 많소[만ː쏘] (10페이지)

겹받침 ㄼ

겹받침 ㄼ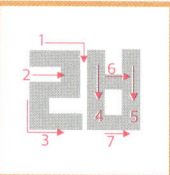

- 겹받침은 서로 다른 자음자 중에 하나로만 소리 나요.
- 겹받침 ㄼ은 앞의 자음인 [ㄹ]로 소리 나요.
- 색이 있는 글자의 받침소리를 비교해 보아요.

빨래를 널다.

바다가 넓다.

겹받침 ㄼ은 앞 자음인 [ㄹ]로 읽어요. 하지만 쓸 때는 원래 받침인 ㄼ으로 써야 해요.

'빨래를 널다'의 '널'과 '바다가 넓다'의 '넓'은 모두 [널]로 읽어요.

널다 [널:다]   **넓다** [널따]

하지만 '바다가 넓다'의 '넓'을 쓸 때는 원래 받침인 ㄼ을 써서 '넓'으로 써야 해요.

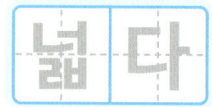

> **부모님께** '널다'는 [널:다]로 소리 나지만 '넓다'는 어간 받침 ㄼ 뒤에 결합되는 어미의 첫소리 'ㄱ, ㄷ, ㅅ, ㅈ'은 된소리로 발음한다.(12페이지)에 따라 [널따]로 소리 납니다.

 **겹받침 ㄼ이 있는 단어를 바르게 읽고 바르게 써요.**

● 겹받침 ㄼ은 [ㄹ]로 읽어요. 하지만 쓸 때는 원래 받침인 ㄼ으로 써야 해요.

｜ 이렇게 읽어요! ｜　｜ 이렇게 써요! ｜

　여덟 [여덜]　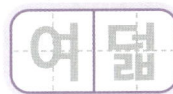

　얇다 [얄ː따]　옷이

　엷다 [열ː따]　색이

♥ '얇다'는 '두께가 두껍지 않다' '엷다'는 '빛깔이 진하지 않다'가 기본적인 의미입니다. 하지만 '얇다'에도 '빛깔이 진하지 않다'와 '엷다'에도 '두께가 두껍지 않다'의 의미도 포함하고 있습니다.

　짧다 [짤따]　길이가

　떫다 [떨ː따]　감이

 **부모님께** 어간 받침 ㄼ 뒤에 결합되는 어미의 첫소리 'ㄱ, ㄷ, ㅅ, ㅈ'은 된소리로 발음한다.(12페이지)에 따라 '얇다' '엷다' '짧다' '넓다' '떫다'는 [얄ː따] [열ː따] [짤따] [널따] [떨ː따]로 소리 납니다. '여덟과' [여덜과]처럼 체언의 받침으로 사용된 ㄼ 뒤의 자음은 된소리가 되지 않습니다.

 **그림을 보고 바르게 쓰인 글자를 골라 선을 이어요.**

· 여덜

· 여덟

날씨는 추운데 옷은 ☐☐

· 얄따

· 얇다

왜 이렇게 감이 ☐☐ ?

· 떫지

· 떨찌

 **글을 읽고 올바르게 사용된 낱말에 ○표 하세요.**

겨울에는 낮이 (짧고, 짤꼬) 밤이 길다.

오랜만에 본 학교 운동장이 생각보다 (널찌, 넓지) 않다.

물감을 (엷게, 열께) 칠해요.

  '선 잇기'와 '○표 하기' '따라 쓰기'를 통하여 바른 글쓰기를 익힙니다.

 **바르게 쓰인 글자를 골라 따라 쓰세요.**

하루에 (여덜 | 여덟) 시간씩 일한다.

여름에는 더워서 (얇고 | 얄꼬) 가벼운 옷을 입어요.

새로 산 모자의 파란색은 아주 (옅다 | 열따).

두 팔을 (넓게 | 널께) 벌리세요.

티라노사우르스의 앞발은 (짤따 | 짧다).

이번에 딴 감은 (떫지 | 떨찌) 않다.

실수로 친구의 발을 (밟다 | 밥따).

밤새 내린 눈을 (밟고 | 밥꼬) 다니다.

그릇이 (넓죽하다 | 넙쭈카다).

 겹받침 ㄼ은 [ㄹ]로 읽지만 예외가 있습니다. 표준발음법 10항 다만, 밟-은 자음 앞에서 [밥]으로 발음한다. 밟다[밥:따] 밟고[밥:꼬]
'넓-'은 다음의 경우 [넙]으로 발음한다. 넓죽하다[넙쭈카다] 넓둥글다[넙뚱글다] (9페이지)

뒤로 넘어가서 소리 나는 겹받침 ㄼ

• 잘못 쓴 글자를 찾아보세요.

넷에 넷을 더하면 여덜비 된다.

겹받침 ㄼ은 앞 자음인 [ㄹ]로 소리 나요. 겹받침 ㄼ 뒤에 모음이 오면 앞 자음인 [ㄹ]로 똑같이 소리 나고 겹받침의 뒤 자음인 ㅂ은 뒤로 넘어가서 소리 나요.

여덟 [여덜]   여덟 + 이 [여덜비]

하지만 쓸 때는 ㄼ을 원래 받침 자리에 써야 해요.

여 덟 이

'여덜비'는 소리 나는 대로 써서 틀렸어요. '여덟이'라고 써야 해요.

부모님께 겹받침 뒤에 모음이 오면 겹받침의 앞 자음이 받침으로 소리 나고 겹받침의 뒤 자음은 뒤로 넘어가서 소리 나요.

 **겹받침 ㄼ이 뒤로 넘어가서 나는 소리를 바르게 읽고 바르게 써요.**

• 겹받침 ㄼ은 [ㄹ]로 읽어요. 뒤에 모음이 오면 겹받침의 앞 자음인 [ㄹ]로 똑같이 소리 나고 겹받침의 뒤 자음인 ㅂ은 뒤로 넘어가서 소리 나요. 하지만 쓸 때는 ㄼ을 원래 받침 자리에 써야 해요.

이렇게 읽어요!   이렇게 써요!

얇다 [얄:따]
얇은 [얄븐]
 옷을 입어 춥다.

옅다 [열:따]
옅은 [열:븐]
 색과 짙은 색을 비교하다.

넓다 [널따]
넓은 [널븐]
 바다를 바라보았다.

짧다 [짤따]
짧아서 [짤바서]
끈이
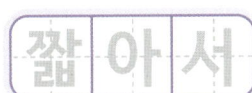 묶지 못해요.

떫다 [떨:따]
떫어요 [떨:버요]
덜 익어서 맛이

 그림을 보고 바르게 쓰인 글자를 골라 선을 이어요.

여덟을

여덜블

둘로 나누면 넷이다.

얄바서

얇아서

옷이 ☐☐☐ 춥다.

넓어서

널버서

바다가 ☐☐☐ 기분이 상쾌해요.

 글을 읽고 올바르게 사용된 낱말에 ○표 하세요.

바지가 (짤바서, 짧아서) 발목이 드러나요.
감이 너무 (떫어서, 떨버서) 못 먹겠어요.
색이 (열버서, 엷어서) 차분해지는 기분이에요.

  '선 잇기'와 '○표 하기' '따라 쓰기'를 통하여 바른 글쓰기를 익힙니다.

 **바르게 쓰인 글자를 골라 따라 쓰세요.**

(넓은 | 널븐) 마음으로 용서하기로 했다.

열에 (여덜븐 | 여덟은) 찬성할 것이다.

날씨가 추워져서 강에는 (얇은 | 얄븐) 얼음이 얼었다.

누나는 (열븐 | 얇은) 분홍색 옷을 입고 있어요.

강아지가 (짧은 | 짤븐) 다리로 뛰어요.

덜 익은 감은 (떫버서 | 떫어서) 못 먹어요.

강아지는 다리가 (짧아서 | 짤바서) 계단을 오르지 못해요.

앞사람과의 간격이 너무 (넓으니 | 널브니) 조금 좁혀라.

깡통을 (발바 | 밟아) 납작하게 만들었다.

 겹받침 ㄼ은 [ㄹ]로 읽지만 '밟-'은 자음 앞에서 [ㅂ]으로 읽습니다.(밟다[밥ː따] 9페이지) 그러나 '밟-' 뒤에 모음이 오면 앞 자음인 ㄹ이 받침으로 소리 나고 뒤 자음인 ㅂ은 뒤로 넘어가서 소리 납니다.
밟아[발바]

겹받침 ㄹㅌ ㄴㅈ

겹받침 ㄹㅌ

- 겹받침은 서로 다른 자음자 중에 하나로만 소리 나요.
- 겹받침 ㄹㅌ은 앞의 자음인 [ㄹ]로 읽어요.
- 색이 있는 글자의 받침소리를 비교해 보아요.

고양이가 손을 할퀴다.   강아지가 손을 핥다.

겹받침 ㄹㅌ은 앞 자음인 [ㄹ]로 읽어요. 하지만 쓸 때는 원래 받침인 ㄹㅌ으로 써야 해요.

'손을 할퀴다'의 '할'과 '손을 핥다'의 '핥'은 모두 [할]로 읽어요.

 [할퀴다]    [할따]

하지만 '손을 핥다'의 '핥'을 쓸 때는 원래 받침인 ㄹㅌ을 써서 '핥'로 써야 해요.

 부모님께 어간 받침 ㄹㅌ 뒤에 결합되는 어미의 첫소리 'ㄱ, ㄷ, ㅅ, ㅈ'은 된소리로 발음합니다.(12페이지) 그래서 '핥다'는 [할따]로 소리 납니다.

겹받침 ㄵ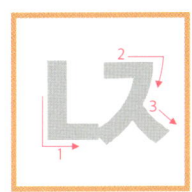

- 겹받침 ㄵ은 앞의 자음인 [ㄴ]으로 읽어요.
- 색이 있는 글자의 받침소리를 비교해 보아요.

아기를 안다.　　　의자에 앉다.

겹받침 ㄵ은 앞 자음인 [ㄴ]으로 읽어요. 하지만 쓸 때는 원래 받침인 ㄵ으로 써야 해요.

'아기를 안다'의 '안'과 '의자에 앉다'의 '앉'은 모두 [안]으로 읽어요.

안다 [안ː따]　　**앉다** [안따]

하지만 '의자에 앉다'의 '앉'을 쓸 때는 원래 받침인 ㄵ을 써서 '앉'으로 써야 해요.

 **부모님께** 어간 받침 ㄴ(ㄵ) 뒤의 어미 첫소리 'ㄱ, ㄷ, ㅅ, ㅈ'은 된소리로 발음합니다. (11~12페이지) 그래서 '안다' '앉다'는 [안ː따] [안따]로 소리 납니다.

 **겹받침 ㄾ ㄵ이 있는 단어를 바르게 읽고 바르게 써요.**

- 겹받침 ㄾ은 [ㄹ]로 읽고 겹받침 ㄵ은 [ㄴ]으로 읽어요 하지만 쓸 때는 원래 받침인 ㄾ과 ㄵ으로 써야 해요.

이렇게 읽어요! 이렇게 써요!

  [할따]   손을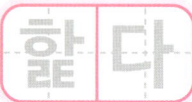

  [훌따]   벼를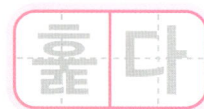

♥ 훑다: 붙어 있는 것을 떼기 위해 틈에 끼워 잡아당기거나 씻어내다./ 죽 더듬거나 살피다.

  [안따]   의자에

  [언따]   이마에 손을

♥ 얹다: 위에 올려놓다.

  어간 받침 ㄾ과 ㄵ 뒤의 어미 첫소리 'ㄱ, ㄷ, ㅅ, ㅈ'은 된소리로 발음합니다.(11~12페이지) 그래서 '핥다' '훑다'는 [할따] [훌따]로 '앉다' '얹다'는 [안따] [언따]로 소리 납니다.

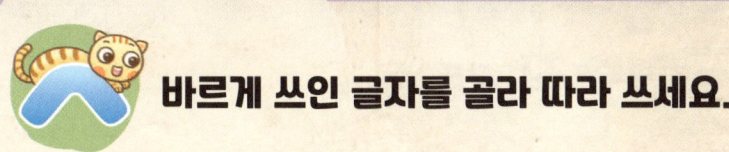 **바르게 쓰인 글자를 골라 따라 쓰세요.**

강아지가 손을 (할꼬 | 핥고) 꼬리를 흔들어요.

지갑을 찾기 위해 방안을 샅샅이 (훑다 | 훌따).

새가 나무에 (안따 | 앉다).

바위 위에 돌을 (얹고 | 언꼬) 소원을 빌어요.

수박 겉 (핥기 | 할끼)

너무 오래 서 있었더니 좀 (앉고 | 안꼬) 싶다.

(앉는 | 안는) 순간 의자가 부서졌다.

뒤로 넘어가서 소리 나는 겹받침 ㄾ, ㄵ

• 잘못 쓴 글자를 찾아보세요.

강아지가 손을 할타요.

겹받침 ㄾ은 앞 자음인 [ㄹ]로 소리 나요. 겹받침 ㄾ 뒤에 모음이 오면 앞 자음인 [ㄹ]로 똑같이 소리 나고 겹받침의 뒤 자음인 ㅌ은 뒤로 넘어가서 소리 나요.

핥다 [할따]   **핥아요** [할타요]

하지만 쓸 때는 ㄾ을 원래 받침 자리에 써야 해요.

| 핥 | 아 | 요 |

'할타요'는 소리 나는 대로 써서 틀렸어요. '핥아요'라고 써야 해요.

 **부모님께** 겹받침 뒤에 모음이 오면 겹받침의 앞 자음이 받침으로 소리 나고 겹받침의 뒤 자음은 뒤로 넘어가서 소리 나요.

● 잘못 쓴 글자를 찾아보세요.

의자에 안자요.

겹받침 ㄵ은 앞 자음인 [ㄴ]으로 소리 나요. 겹받침 ㄵ 뒤에 모음이 오면 앞 자음인 [ㄴ]으로 똑같이 소리 나고 겹받침의 뒤 자음인 ㅈ은 뒤로 넘어가서 소리 나요.

앉다 [안따]　　**앉아요** [안자요]

하지만 쓸 때는 ㄵ을 원래 받침 자리에 써야 해요.

앉 아 요

'안자요'는 소리 나는 대로 써서 틀렸어요. '앉아요'라고 써야 해요.

 **겹받침 ㄾ ㄵ 이 뒤로 넘어가서 나는 소리를 바르게 읽고 바르게 써요.**

• 겹받침 ㄾ은 [ㄹ]로 읽고 겹받침 ㄵ은 [ㄴ]으로 읽어요. 뒤에 모음이 오면 앞 자음인 [ㄹ]과 [ㄴ]으로 똑같이 소리 나고 겹받침의 뒤 자음인 ㅌ, ㅈ은 뒤로 넘어가서 소리 나요. 하지만 쓸 때는 ㄾ과 ㄵ을 원래 받침 자리에 써야 해요.

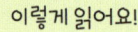

  [할따] / [할타요] 강아지가 손을

  [훌따] / [훌터] 벼를 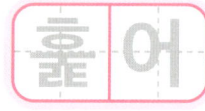 내다.

  [안따]  [안자] 바구니에 나비가  있어요.

  [언따]  [언저] 엄마가 밥 위에 반찬을  주셨다.

 **바르게 쓰인 글자를 골라 따라 쓰세요.**

녹아내리는 아이스크림을 혀로 (할타요 | 핥아요).

위에서부터 차근차근 (훑어 | 훌터) 보다.

맨 앞에 (안즌 | 앉은) 학생부터 발표해요.

불 위에 주전자를 (얹어라 | 언저라).

손을 (핥으며 | 할트며) 꼬리를 흔드는 강아지가 귀여워요.

서로 자리를 바꾸어 (앉아라 | 안자라)!

베개 위에 발을 (언즈니 | 얹으니) 한결 피로가 풀려요.

겹받침 ㅄ ㄳ ㄽ

겹받침 ㅄ

- 겹받침은 서로 다른 자음자 중에 하나로만 소리 나요.
- 겹받침 ㅄ은 앞의 자음인 [ㅂ]으로 읽어요.
- 색이 있는 글자의 받침소리를 비교해 보아요.

아기를 업다.   돈이 없다.

겹받침 ㅄ은 앞 자음인 [ㅂ]으로 읽어요. 하지만 쓸 때는 원래 받침인 ㅄ으로 써야 해요.

'아기를 업다'의 '업'과 '돈이 없다'의 '없'은 모두 [업]으로 읽어요.

업다 [업따]   **없다** [업:따]

하지만 '돈이 없다'의 '없'을 쓸 때는 원래 받침인 ㅄ을 써서 '없'으로 써야 해요.

 부모님께 겹받침 ㅄ, ㄳ, ㄽ이 있는 단어 중에는 초등학교 저학년 학생에게 생소하게 느껴지는 단어들이 있습니다. 무리해서 암기하려 하지 말고 미리 한 번 살펴보는 마음으로 배웁니다.

겹받침 ㄳ 　　**겹받침 ㄼ**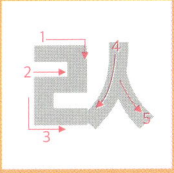

- 겹받침 ㄳ은 앞의 자음인 [ㄱ]으로 읽고 겹받침 ㄼ도 앞의 자음인 [ㄹ]로 읽어요.
- 색이 있는 글자의 받침소리를 비교해 보아요.

기다란 기린의 목　　　나누어 가지는 각 부분: 몫

시골　　　　　평생 도자기만 만든 외곬 인생

겹받침 ㄳ은 앞 자음인 [ㄱ]으로 읽고 겹받침 ㄼ도 앞 자음인 [ㄹ]로 읽어요. 하지만 쓸 때는 원래 받침인 ㄳ과 ㄼ으로 써야 해요.

'기린의 목'의 '목'과 '몫'은 모두 [목]으로 읽어요.　목 [목]　몫 [목]

하지만 '몫'을 쓸 때는 원래 받침인 ㄳ을 써서 '몫'으로 써야 해요.

'시골'의 '골'과 '외곬'의 '곬'은 모두 [골]로 읽어요.　시골 [시골]　외곬 [외골/웨골]

하지만 '외곬'의 '곬'을 쓸 때는 원래 받침인 ㄼ을 써서 '곬'로 써야 해요.

❤ '외'는 이중모음으로 발음하는 것을 허용(4권 76페이지)하기 때문에 외곬은 [외골/웨골]로 소리 납니다.

 **겹받침 ㅄ이 있는 단어를 바르게 읽고 바르게 써요.**

• 겹받침 ㅄ은 [ㅂ]으로 읽어요. 하지만 쓸 때는 원래 받침인 ㅄ을 써야 해요.

이렇게 읽어요! 　　　이렇게 써요!

  값 　　[갑]　　  값

  없다 　　[업:따]　　 돈이  없다

  가엾다 　　[가:엽따]　　 강아지가  가엾다

♥ 표준어 사정 원칙(복수 표준어26항)에 따라 가엾다/가엽다 는 모두 표준어입니다.

  부모님께　받침 ㅂ 뒤에서 ㄱ, ㄷ, ㅂ, ㅅ, ㅈ이 ㄲ, ㄸ, ㅃ, ㅆ, ㅉ으로 소리 나는 것처럼 ㅂ으로 소리 나는 겹받침 ㅄ 뒤에서도 된소리로 소리 납니다.(11페이지) 그래서 '없다' '가엾다'는 [업:따] [가:엽따]로 '값도 오르다'의 '값도'는 [갑또]로 소리 납니다.

 **겹받침 ㄳ ㄽ이 있는 단어를 바르게 읽고 바르게 써요.**

- 겹받침 ㄳ은 [ㄱ]으로 읽고 겹받침 ㄽ은 [ㄹ]로 읽어요. 하지만 쓸 때는 원래 받침인 ㄳ과 ㄽ을 써야 해요.

| 이렇게 읽어요! | 이렇게 써요! |

  [목]

  [삭]

♥ 삯: 일한 데 대한 품값

  [넉]

♥ 넋: 정신이나 마음

  [외골/웨골]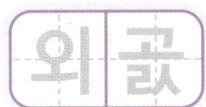

♥ 외곬: 단 한 곳으로만 트인 길, 단 하나의 방향, 방법

  받침 ㄱ 뒤에서 ㄱ ㄷ ㅂ ㅅ ㅈ이 ㄲ, ㄸ, ㅃ, ㅆ, ㅉ으로 소리 나는 것처럼 ㄱ으로 소리 나는 겹받침 ㄳ 뒤에서도 된소리로 소리 납니다.(11페이지) 그래서 '동생 몫과[목꽈] 내 몫' 삯도[삭또] 받고 칭찬도 받다' '조상의 넋도[넉또] 기리고'처럼 된소리로 소리 납니다.

그림을 보고 바르게 쓰인 글자를 골라 선을 이어요.

 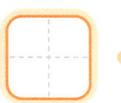   · 갑
· 값

 오빠 것보다 적은 내 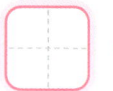   · 몫
· 목

 순국선열의 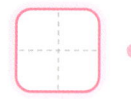   · 넉
· 넋

 열심히 일해서 받은    · 삭
· 삯

글을 읽고 올바르게 사용된 낱말에 ○표 하세요.

해야 할 일은 많은데 시간이 (없다, 업따).
맛이 (없고, 업꼬) 비싸기만 하다.

 **바르게 쓰인 글자를 골라 따라 쓰세요.**

물건도 부족하고 물건 ( | 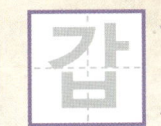) 도 올랐다.

시간은 (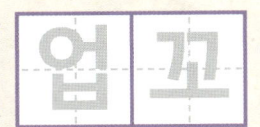 | 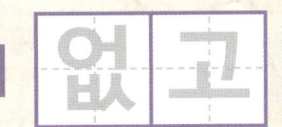) 할 일은 많다.

어미 새를 기다리는 새끼 새가
(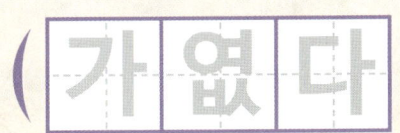 | ).

동생 ( | 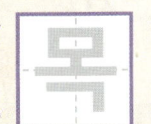) 과 내 ( | ).

흥부는 놀부 집에서 일하고 ( | 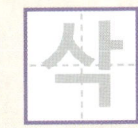) 도 받지 못했어요.

( | ) 나간 사람처럼 멍하니 서 있다.

(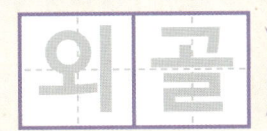) 독서를 하지 말고 폭넓게 책을 읽어라.

하늘에는 구름 한 점 (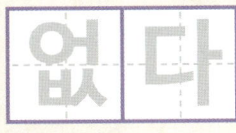).

81

뒤로 넘어가서 소리 나는 겹받침 ㅄ ㄱㅅ ㄹㅅ

• 잘못 쓴 글자를 찾아보세요.

갑씨 비싸요.

겹받침 ㅄ은 앞 자음인 [ㅂ]으로 소리 나요. 뒤에 모음이 오면 앞 자음인 [ㅂ]으로 똑같이 소리 나고 겹받침의 뒤 자음인 ㅅ이 뒤로 넘어가서 [ㅆ]으로 소리 나요.

값 [갑]   값 + 이 [갑씨]

하지만 쓸 때는 ㅄ을 원래 받침 자리에 써야 해요.

값 이

'갑씨'는 소리 나는 대로 써서 틀렸어요. '값이'라고 써야 해요.

 **부모님께** 겹받침 ㅄ ㄳ ㄽ 뒤에 모음이 오면 겹받침의 앞 자음이 받침으로 소리 나고 뒤 자음인 ㅅ이 뒤로 넘어가서 [ㅆ]으로 소리 나요.

● 잘못 쓴 글자를 찾아보세요.

내 목씨 더 적어요.

외골쓰로 도자기만 만들었어요.

겹받침 ㄳ은 앞 자음인 [ㄱ]으로 소리 나고 겹받침 ㄽ도 앞 자음인 [ㄹ]로 소리 나요. 뒤에 모음이 오면 겹받침의 앞 자음인 [ㄱ]과 [ㄹ]로 똑같이 소리 나고 겹받침의 뒤 자음인 ㅅ이 뒤로 넘어가서 [ㅆ]으로 소리 나요.

몫 [목]   몫 + 이 [목씨]

외곬 [외골]   외곬 + 으로 [외골쓰로/웨골쓰로]

하지만 쓸 때는 ㄳ과 ㄽ을 원래 받침 자리에 써야 해요.

몫이   외곬으로

'목씨'는 소리 나는 대로 써서 틀렸어요. '몫이'라고 써야 해요.

'외골쓰로'는 소리 나는 대로 써서 틀렸어요. '외곬으로'라고 써야 해요.

겹받침 ㅄ ㄳ ㄹㅅ 이 뒤로 넘어가서 나는 소리를 바르게 읽고 바르게 써요.

• 겹받침 ㅄ은 [ㅂ], 겹받침 ㄳ은 [ㄱ], 그리고 겹받침 ㄹㅅ은 [ㄹ]로 읽어요. 뒤에 모음이 오면 앞 자음인 [ㅂ] [ㄱ] [ㄹ]로 똑같이 소리 나고 겹받침의 뒤 자음인 ㅅ이 뒤로 넘어가서 [ㅆ]으로 소리 나요. 하지만 쓸 때는 ㅄ, ㄳ, ㄹㅅ을 원래 받침 자리에 써야 해요.

이렇게 읽어요!   이렇게 써요!

 [갑]
 [갑씨]

오르다.

 [업:따]
 [업:써요]
한 푼도
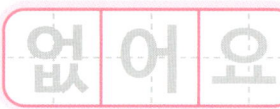

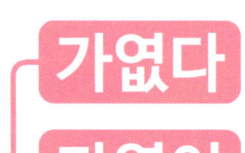 [가:엽따]
 [가:엽써]
울고 있는 강아지가

보인다.

  표준어 사정 원칙(복수 표준어26항)에 따라 가엾다/가엽다 는 모두 표준어입니다. '가엾다'는 '가엾어, 가엾은'이 되고 '가엽다'는 불규칙활용으로 '가여워, 가여운'이 됩니다.
강아지가 가엾다[가:엽따]-강아지가 가엾어[가:엽써] 보인다-가엾은[가:엽쓴] 강아지.
강아지가 가엽다-강아지가 가여워 보인다-가여운 강아지.

 **부모님께** 겹받침 ㅄ ㄳ ㄽ 이 뒤로 넘어가서 나는 소리를 알고 어떻게 써야 하는지를 배웁니다.

이렇게 읽어요!   이렇게 써요!

 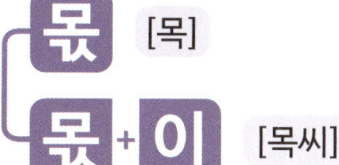

몫 [목]
몫+이 [목씨]

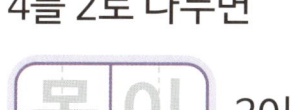

4를 2로 나누면
몫이 2이다.

 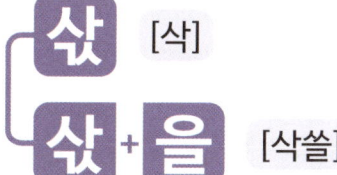

삯 [삭]
삯+을 [삭쓸]

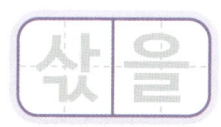

삯을 받다.

 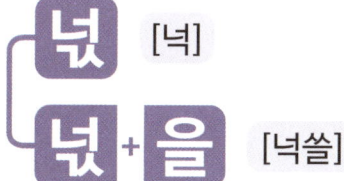

넋 [넉]
넋+을 [넉쓸]

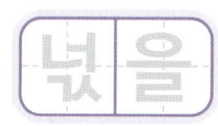

넋을 기리다.

외곬 [외골]
외곬+으로
[외골쓰로/웨골쓰로]

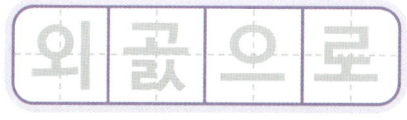

한 가지 일에만 열중하다.

그림을 보고 바르게 쓰인 글자를 골라 선을 이어요.

 　　올렸어요. ・　　・ 갑쏠
　　　　　　　　　　　・ 값을

 공평하게 　　 나누자. ・　　・ 몫을
　　　　　　　　　　　・ 목쏠

 순국선열의 　　 ・　　・ 넉씨
살아있는 현충원　　　　・ 넋이

 　　　　　　　　　　　・ 외곬으로
도자기 장인의 길을 걷다.・ 외골쓰로

글을 읽고 올바르게 사용된 낱말에 ○표 하세요.

돈이 (없어서, 업써서) 사 먹지 못해요.
우는 강아지를 보니 (가엾은, 가엽쓴) 생각이 들었어요.

부모님께 '선 잇기'와 '○표 하기' '따라 쓰기'를 통하여 바른 글쓰기를 익힙니다.

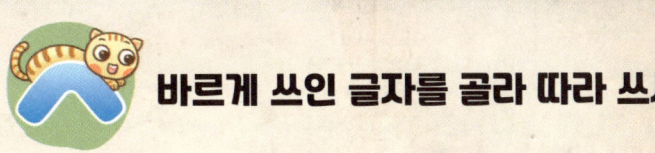 **바르게 쓰인 글자를 골라 따라 쓰세요.**

운동장에 아이들이 (없어요 · 업써요).

과일 (갑씨 · 값이) 오르다.

어미를 찾는 (가엾은 · 가엽쓴) 강아지

네 (목쓰로 · 몫으로) 2개를 따로 남겨두었다.

최부자 댁은 (삯이 · 삭씨) 후하기로 소문났어요.

(넉씨 · 넋이) 나간 표정으로 멍하니 있어요.

너무 (외곬으로 · 외골쓰로) 만 생각 하면 문제를 해결할 수 없다.

 **부모님께** '외골수[외골쑤]'는 단 한 곳으로만 파고드는 사람.이고 '외곬[외골]'은 단 한곳으로만 트인 길 또는 단 하나의 방법이나 방향.입니다. '그는 외골수[외골쑤]이다.' '외곬으로[외골쓰로] 생각하다.'처럼 사용합니다.

 **소리가 같거나 비슷해요. 하지만 뜻이 달라 구별해서 사용해요.**

박다[박따] / 밝다[박따]

 벽에 못을 **박다**.

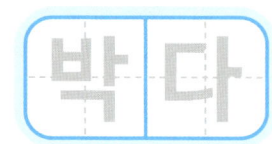

 달이 무척이나 **밝다**.

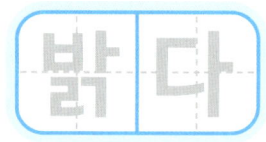

망치로 못을 **박아요**. [바가요]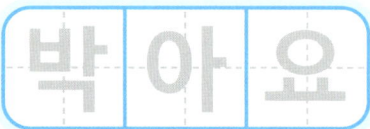

보름달이 **밝아요**. [발가요]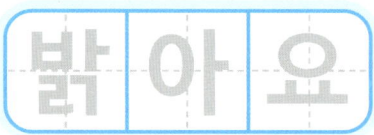

부모님께 겹받침이 있는 단어는 다른 단어와 소리가 같거나 비슷하게 나기도 합니다. 그러나 뜻이 다르기 때문에 반드시 구별해서 사용해야 합니다. 단어 설명은 그림과 관련된 뜻만 설명하였습니다. 다의어나 동음이의어의 경우 어린 아이에게 부담되는 분량이 되기 때문입니다.

박다 [박따] 꽂히게 하다.

밝다 [박따] 빛이 환하다.

익다[익따] / 읽다[익따]

 사과가 **익다**.

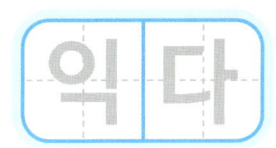

 책을 **읽다**.

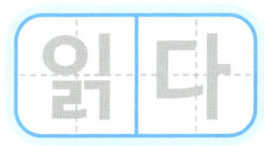

사과가 **익어요**. [이거요]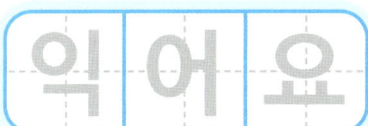

책을 **읽어요**. [일거요]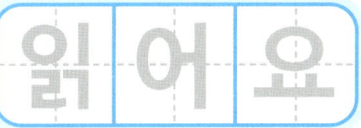

익다 [익따] 자라서 여물다.

읽다 [익따] 글을 보며 그 음대로 소리 내다.

담다[담:따] / 닮다[담:따]

 물을 담다.
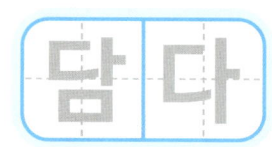

 얼굴이 닮다.
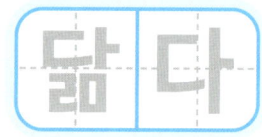

물을 담아 [다마] 두었어요.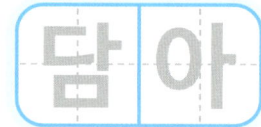

얼굴이 닮아 [달마]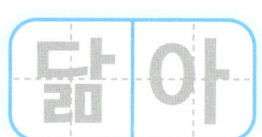
구별하기 어려워요.

 [담:따] 물건을 그릇 등에 넣어두다.
 [담:따] 비슷한 생김새나 성질을 가지다.

널다[널:다] / 넓다[널따]

 빨래를 널다.
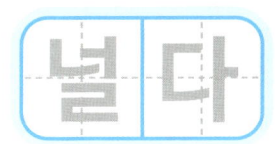

 바다가 넓다.
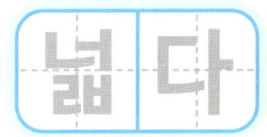

빨래를 널어요. [너러요]

바다가 넓어요. [널버요]

 [널:다] 볕을 쬐거나 바람을 쐬기 위해 펼쳐 놓다.

 [널따] 면적이나 너비가 크다.

떨다[떨:다] / 떫다[떨:따]

 추워서 몸을 떨다.
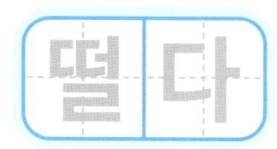

 안 익은 감이 떫다.
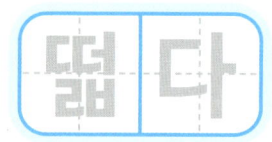

추워서 몸을 떨어요. [떠러요]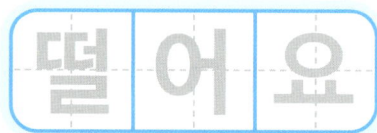

안 익은 감이 떫어요. [떨:버요]

 [떨:다] 작은 폭으로 빠르고 반복적으로 흔들리다.

 [떨:따] 맛이 거세고 텁텁하다.

안다[안:따] / 앉다[안따] / 않다[안타]

 아기를 **안다**.
안 다

 의자에 **앉다**.
앉 다

 숙제를 하지 **않다**.
않 다

아기를 **안아요**. [아나요] 안 아 요

의자에 **앉아요**. [안자요] 앉 아 요

숙제를 하지 **않아요**. [아나요] 않 아 요

안다 [안:따] 끌어당겨 품 안에 있게 하다.
앉다 [안따] 엉덩이에 몸을 실어 물건이나 바닥에 몸을 올려 놓다.
않다 [안타] '아니하다'의 준말

업다[업따] / 엎다[업따] / 없다[업ː따]

 아기를 **업다**.
업 다

 물잔을 **엎다**.
엎 다

 돈이 **없다**.
없 다

아기를 **업어요**. [어버요]　　업 어 요

물잔을 **엎어요**. [어퍼요]　　엎 어 요

돈이 **없어요**. [업ː써요]　　없 어 요

업다 [업따]　사람이나 동물 등을 등에 대고 붙어 있게 하다.
엎다 [업따]　위가 밑을 향하게 거꾸로 돌리다.
없다 [업ː따]　존재하지 않는 상태이다.

끌다[끌:다] / 끓다[끌타]

수레를 **끌다**.

물이 **끓다**.
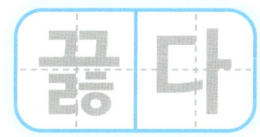

수레를 **끌어요**. [끄:러요]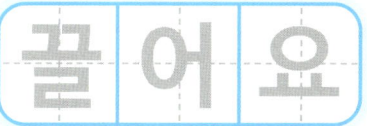

물이 **끓어요**. [끄러요]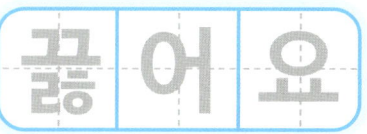

 [끌:다] 바닥에 댄 채로 한쪽으로 당기다.

 [끌타] 액체가 뜨거워져 김이 나고 거품이 솟아오르다.

낮다[낟따] / 났다[낟따] / 낳다[나ː타]

 이 산은 저 산보다 낮다.
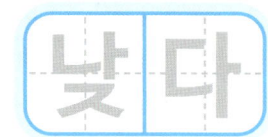

 텃밭에 새싹이 났다.

 바둑이가 강아지를 낳다.
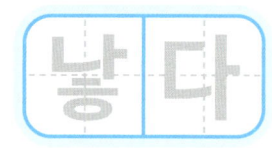

이 산은 저 산보다 낮아요. [나자요]　낮아요

텃밭에 새싹이 났어요. [나써요]　났어요

바둑이가 강아지를 낳아요. [나아요]　낳아요

부모님께 '병이 낫다' '이게 더 낫다'의 낫다[낟ː따]는 '나아'로 불규칙활용이 되어 여기서는 다루지 않습니다.

낮다	[낟따]	보통 보다 미치지 못하는 상태에 있다.
났다	[낟따]	나다(솟아나거나 생기다)의 과거 일
낳다	[나ː타]	사람이나 동물이 아이, 새끼, 알을 몸 밖으로 내놓다.

 소리가 같거나 비슷해요. 하지만 뜻이 달라 구별해서 사용해요.-1

시키다[시키다] / 식히다[시키다]

 심부름을 시키다.

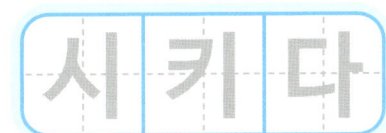

 뜨거운 물을 식히다.

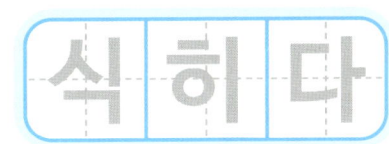

 부모님께 받침 ㅎ 뒤에 ㄱ, ㄷ, ㅈ이 오면 ㅎ과 합쳐져서 [ㅋ] [ㅌ] [ㅊ]으로 소리 나는 것처럼 반대로 받침 ㄱ, ㄷ, ㅈ 뒤에 ㅎ이 와도 합쳐져서 [ㅋ] [ㅌ] [ㅊ]으로 소리 납니다. 식히다[시키다]

 [시키다] 어떤 일이나 행동을 하게 하다.
 [시키다] 더운 기를 없애다.

마치다[마치다] / 맞히다[마치다]

숙제를 마치다.
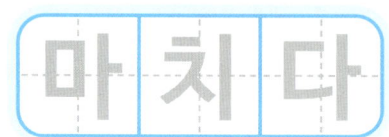

정답을 맞히다.
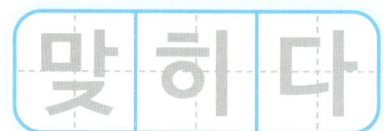

마치다 [마치다] 일이나 과정 등이 끝나다.
맞히다 [마치다] 답을 옳게 하다.

바치다[바치다] / 받히다[바치다] / 받치다[받치다]

제물을 바치다.
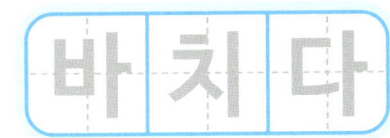

소의 뿔에 받히다.
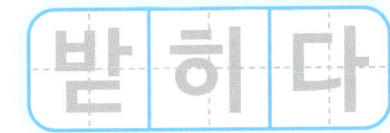

책받침을 받치다.
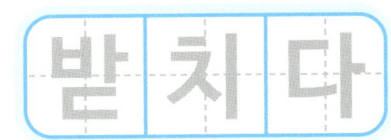

  '받히다'는 '바티가'가 된 후에 구개음화(티→치)가 되어 [바치다]로 소리 납니다.

바치다 [바치다] 신이나 웃어른에게 정중하게 드리다.
받히다 [바치다] 머리나 뿔 등에 세게 부딪힘을 당하다.
받치다 [받치다] 물건의 밑이나 옆에 다른 물건을 대다.

다치다[다치다] / 닫히다[다치다]

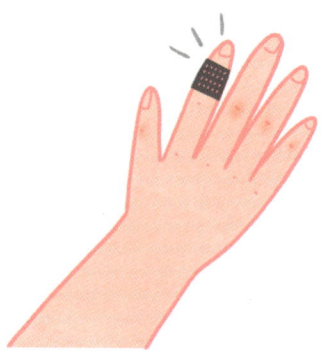 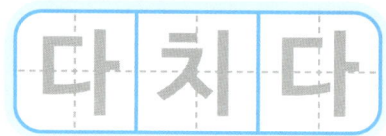

손을 **다치다**.

다 치 다

 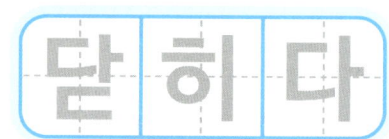

문이 **닫히다**.

닫 히 다

> 부모님께: '닫히다'는 '다티다'가 된 후에 구개음화(티→치)가 되어 [다치다]로 소리 납니다.

다치다 [다치다] 상처를 입다.
닫히다 [다치다] 열린 문이나 뚜껑 등이 도로 제자리로 가 막히다.

 **혼동하기 쉽지만 뜻을 정확히 구별해서 사용해요.**

다르다/ 틀리다

 친구와 나는 취미가 다르다.

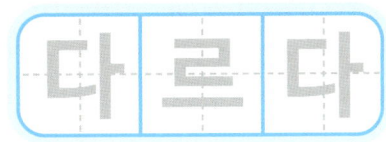

 답이 틀리다.

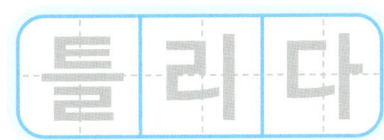

잊어버리다/ 잃어버리다

 배운 것을 잊어버리다.

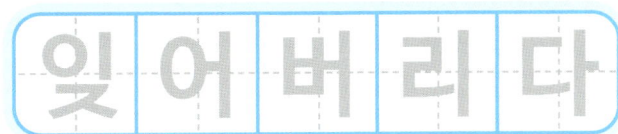

 돈을 잃어버리다.

다르다 서로 같지 않다.
틀리다 그르게 되거나 어긋나다.
잊어버리다 기억하지 못하다.
잃어버리다 없어져 갖지 못하게 되다.

작다 / 적다

 집이 **작다**.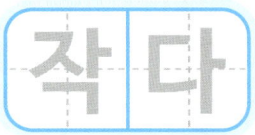

 먹을 것이 **적다**.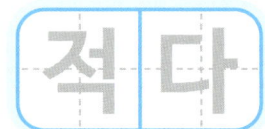

크다 / 많다

 집이 **크다**.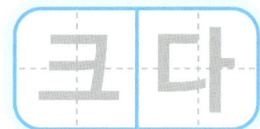

 먹을 것이 **많다**.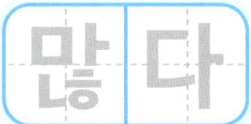

작다 크기나 길이가 보통보다 덜하다.
적다 양이나 수효가 보통보다 덜하다.
크다 크기나 길이가 보통보다 더하다.
많다 양이나 수효가 보통보다 더하다.

가리키다 / 가르치다

그는 손가락으로 동쪽을 가리키다.

그는 아이들에게 한글을 가르치다.

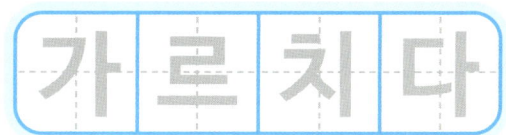

왠지 / 웬-

오늘은 왠지 공부하고 싶다.

웬일로 공부를 하니?

가리키다 방향이나 대상을 손가락 등으로 보이거나 알리다.

가르치다 지식이나 기능 등을 깨닫거나 익히게 하다.

왠지 왜 그런지 모르게, 이유 없이

웬 '어찌 된' '어떠한'

안/않

늘게까지 잠을 안 자다.

늘게까지 잠을 자지 않다.

되/돼

겨울이 되니 춥다.

겨울이 돼서 춥다.

안-/않- '안'은 '아니'의 준말입니다. '않-'은 '아니 하'가 줄어든 말입니다. 따라서 '아니 하'를 넣어 말이 잘 통하면(아니하다) '않'으로 사용하고 말이 안 통하면(아니하 자다) '안'으로 사용합니다.

되-/돼- '되-'는 일이 이루어지거나 다른 것으로 변할 때 사용합니다. '돼-'는 '되-'에 '어'가 붙은 '되어'가 줄어든 말입니다. 따라서 '되어'를 넣어 말이 잘 통하면(겨울이 되어서) '돼'로 사용하고 말이 안 통하면(겨울이 되어니) '되'로 사용합니다.

정답

18페이지
닭, 흙, 굵다/ 낡다, 읽지, 밝다, 맑다

19페이지
닭, 흙, 읽다, 굵다, 밝다, 낡다, 늙다, 맑다, 맑고, 읽고

24페이지
늙은이, 낡은, 맑아/ 닭을, 흙을, 늙은, 굵어서

25페이지
닭이, 흙이, 읽은, 굵은, 밝은, 낡은, 늙어요, 맑은, 늙은이

30페이지
삶, 곪지, 읊조리다/ 삶는, 닮고, 옮지, 읊다

31페이지
삶, 삶다, 닮다, 젊다, 굶다, 옮다, 곪다, 읊다, 읊조리다

36페이지
젊은이, 삶아요, 닮은/ 굶어, 옮은, 곪은, 읊으면서

37페이지
젊은이, 젊은, 삶에서, 삶아서, 닮아서, 굶은, 옮아, 곪은, 읊어요, 읊은

42페이지
파랗지, 까맣게, 빨갛게/ 낳지, 좋고, 쌓지, 닿다

43페이지
파랗고 하얗다, 노랗고 빨갛다, 까맣게, 낳다, 좋고 좋다, 쌓다, 넣다, 놓다, 닿다

46페이지
좋은, 낳은, 쌓아서/ 넣은, 놓아라, 닿아서

47페이지
좋은, 낳아서, 쌓은, 넣어라, 놓아요, 닿아, 닿는, 닿소리

52페이지
않고, 괜찮다, 닳도록/ 많고, 귀찮다, 싫지 않다, 끓다

53페이지
많다, 않다, 끓지, 귀찮게, 괜찮고, 닳지 않도록, 싫다, 끓고, 끓지 않다, 뚫다

58페이지
끓어, 괜찮아요. 끓은/ 끊어지다, 많은, 닳은, 싫어도

59페이지
많아서, 않아요, 귀찮은, 괜찮은, 싫어, 닳아서, 끓은, 뚫은, 않는, 많소

62페이지
여덟, 얇다, 떫지/ 짧고, 넓지, 엷게

63페이지
여덟, 얇고, 엷다, 넓게, 짧다, 떫지, 밟다, 밟고, 넓죽하다,

66페이지
여덟을, 얇아서, 넓어서/ 짧아서, 떫어서, 엷어서

67페이지
넓은, 여덟은, 얇은, 엷은, 짧은, 떫어서, 짧아서, 넓으니, 밟아

71페이지
핥고, 훑다, 앉다, 얹고, 핥기, 앉고, 앉는

75페이지
핥아요. 훑어, 앉은, 얹어라, 핥으며, 앉아라, 얹으니

80페이지
값, 몫, 넋, 삯/ 없다, 없고

81페이지
값, 없고, 가엾다, 몫 몫, 삯, 넋, 외곬, 없다

86페이지
값을, 몫을, 넋이, 외곬으로/ 없어서, 가엾은

87페이지
없어요, 값이, 가엾은, 몫으로, 삯이, 넋이, 외곬으로

107

아, 야, 어, 여…에서 2학년 받아쓰기까지

똑똑 한글 공부 ❻

초판발행	2024년 02월 01일
발 행 인	이석형
원 고	한글공부연구회
감 수	백현희
디 자 인	이지숙
그 림	최도은
펴 낸 곳	도서출판 새희망
등록번호	제 2016-000004호
주 소	경기도 의정부시 오목로 150
전 화	02-923-6718
팩 스	02-923-6719
i s b n	979-11-88069-24-8 73710
가 격	10.000원